HANS MAGENSCHAB

DIE WELT DER GROSSELTERN
BÖHMEN & MÄHREN

HANS MAGENSCHAB

DIE WELT DER GROSSELTERN
BÖHMEN & MÄHREN

AMALTHEA

V. Fanta
PRAHA-ŽIŽKOV.

INHALT

GESCHICHTE LEBT

Jeweils zwei Generationen beziehen ihr Wissen über Geschichte aus eigener Kenntnis und Einsicht, sagen die Geschichtswissenschaftler. Ab der dritten Generation gibt es nur noch Erinnerungen an Erinnerungen: alte Familiendokumente, Fotos, Illustrationen oder literarische Zeugnisse. Dennoch lassen sich wie bei einem Puzzle viele Teile wieder zu einer Einheit zusammenfügen. Sind doch Böhmen, Mähren und Österreich verbunden durch Liebe und Leben, Streit und Zank, Familiengeschichten und Heiratssachen. »Vitány, Babička, Na zdraví dem Großvater!«

Gruss aus Prag!
Der Wenzelsplatz. – 47.

Teschen, Oest.-Schl. Demelplatz

In »Radetzkymarsch« beschreibt Joseph Roth, der große Erzähler der Donaumonarchie, eine Episode über jenen Unteroffizier der k. u. k. Armee, der als Friseur täglich den uralten Kaiser Franz Joseph rasieren musste:
»›Bleiben S' noch!‹ sagte der Kaiser. ›Ach, Sie sind Korporal! Dienen S' schon lang?‹ ›Ein halbes Jahr, Majestät‹ hauchte der Friseur. ›Zu meiner Zeit‹, sagte der Kaiser, wie etwa ein Veteran gesagt hätte, ›ist's nie so fix gegangen! Aber, Sie sind auch ein ganz fescher Soldat. Wollen S' beim Militär bleiben?‹ – Der Friseur Hartenstein besaß Weib und Kind und einen guten Laden in Olmütz und hatte schon ein paarmal versucht, einen Gelenksrheumatismus zu simulieren, um recht bald entlassen zu werden. Aber er konnte dem Kaiser nicht nein sagen. ›Jawohl, Majestät‹ sagte er und wußte in diesem Augenblick, daß er sein ganzes Leben verpatzt hatte. ›Na, dann is gut. Dann sind Sie Feldwebel! Aber sind S' nicht so nervös!‹ So. Jetzt hatte der Kaiser einen glücklich gemacht. Er freute sich. Er freute sich. Er freute sich. Er hatte ein großartiges Werk an diesem Hartenstein vollbracht. Jetzt konnte der Tag beginnen.«
Roths »Radetzkymarsch« erschien 1932. In diesem Jahr war Mitteleuropa längst in viele Staaten zerfallen. Alte Bindungen waren gelöst – auch die familiären. Österreich war eine Republik und aus den alten Kronländern Böhmen, Mähren und Schlesien war die Tschechoslowakei geworden. Man verkehrte zurückhaltend mit--einander, denn die Erinnerung an das bittere Ende der Habsburgermonarchie war auf beiden Seiten der Grenzen stark ausgeprägt.
Allerdings waren da hunderttausende Österreicher der Ersten Republik, die einen Migrationshintergrund hatten. Ihre Vorfahren waren im 19. und frühen 20. Jahrhundert aus dem Land der Wenzelskrone nach Wien gekommen und hatten an der Donau ihr Glück gefunden. »Laska« heißt das Zauberwort auf Tschechisch, »Liebe« auf Deutsch und war bei den Eltern das »Böhmakeln« noch deutlich hörbar, so waren die Kinder aus unendlich vielen Beziehungen schon nach einer einzigen Generation gute Wiener – unüberhörbar waschechte Österreicher. Allerdings vielfach um den Preis, dass nur die Erinnerung an jenes legendäre Wunderland zwischen Erzgebirge und Tatra blieb, dem Bedrich Smetana seine gefühlsstarke Symphonische Dichtung »Mein Vaterland« gewidmet hatte.
Aber die Politik nahm keine Rücksicht auf Gefühle. Denn im Jahre 1918 wurden rund drei Millionen Altösterreicher, deren Muttersprache Deutsch war, ungefragt zu tschechoslowakischen Staatsbürgern – um (wie auch die Österreicher) nur wenige Jahre später dem nationalsozialistischen Deutschland angeschlossen zu werden. Man sieht: Mitteleuropäische Geschichte ist ein Irrgarten aus Dornen mit Rosen …
Ein Weltkrieg, zwei Millionen (oder mehr) vertriebene Altösterreicher – nunmehr »Sudetendeutsche« bezeichnet – und eine kom-

munistische Volksdemokratie im Land des Heiligen Wenzels bedeuteten nicht nur eine ungeheure Vernichtung von materiellen Gütern, sondern auch eine gegenseitige intellektuelle Abschließung. Jetzt blickte Josef Stalin als riesenhaftes Denkmal auf die einst »Goldene Stadt«, die unglückliche Bewohner verlottern ließen. Der Eiserne Vorhang trennte schlussendlich mehrere Völker voneinander, die jahrhundertelang friedlich zusammengelebt hatten. Vieles – oder gar alles – war verschüttet. Erst 1989 befreiten sich dann couragierte Bürger der Tschechoslowakei selbst von ihrem Zwangsregime, und die Kommunisten gaben entgegen allen Erwartungen ihre Macht unblutig ab. Ein Dichter wurde Staatspräsident, das demokratisch gewordene Land trat jener Union bei, die auch die Hoffnung so vieler anderer europäischen Staaten verkörpert.

Erst jetzt freilich wurde ohne Einschränkungen der Blick zurück zu den Wurzeln frei und ein Lichtstrahl leuchtete hinein in die Lebenswelt der Großeltern. So wurde auch die Frage nach dem »Warum« der Zeitenläufe aktuell. Und das schloss mit ein, auch besonders das Schicksal jener jüdischen Mitbürger zu erforschen, die für das Kräfteparallelogramm Wien und Prag, Brünn und Preßburg so ungemein prägend gewesen waren.

Heute zählen etwa die Werke der in KP-Zeiten diskriminierten Prager Literaten des *Fin de siécle* natürlich längst zur Weltliteratur. Auch die tschechischen Künstler, die den Jugendstil mit tschechisch-nationalen Motiven verbanden, werden wiederentdeckt. Und es gilt, sich der Pflege der böhmischen Komponisten anzunehmen, die mit der einschmeichelnden musikalischen Beschreibung ihrer Heimat wohl jedermanns Seele berühren …

Heute ist das Stöbern in alten Familienalben nicht nur ein Wiederbeleben der Erinnerung, sondern ein praktischer Beitrag zur europäischen Kulturgeschichte und zur Erkundung des Alltags der kleinen Leute. Alltag bei den Großeltern hieß zum Beispiel auch, aus einfachsten Grundprodukten großartige Gerichte zu bereiten und mit Lust und Hingabe die Familie zu beglücken.

Heute lässt sich die regionale Vielfalt von Geschmäckern, Sitten, Lustbarkeiten und Festfeiern durch nichts besser erforschen als über die originalen Kochbücher aus den ehemaligen Kronländern, Provinzen, Regionen, Vierteln, ja Gauen und Tälern.

Tatsächlich bestand in dem Millionenimperium über Jahrhunderte hinweg eine unglaubliche Vielfalt kultivierter Kochkunst. Es gab unzählige Rezepte, die heute wie Geheimdossiers behandelt werden (und daher sicherheitshalber nach wie vor nur in Kurrentschrift zugänglich sind); und es gibt einen Typus von gewollt einfachen Gaststätten, die sich den lokalen Traditionen verpflichtet fühlen: Gasthaus, Hostinec, Vendeglö, Gostilna, Gostionica etc. In Wien gibt es überdies die stolze Institution des Beisls; und dieses leitet sich vom tschechischen Pajzl ab.

Allerdings gibt es nicht nur einen k. u. k. Kochtopf-Föderalismus,

sondern auch so etwas wie eine kulinarische *Küchen-Einheit der Donauländer*, so als wäre »Viribus Unitis« nicht als Wahlspruch Kaiser Franz Josephs für den Staat vorgesehen gewesen, sondern hätte für alle Köchinnen und Köche zwischen Karlsbad und Dubrovnik, Meran und Lemberg gegolten. Bis heute sind Gulasch und Knödel, Strudel und Tatschkerl, Tafelspitz und Palatschinken bei so gut wie allen Großmüttern Symbole der Habsburgerei; wobei das Wiener Schnitzel wohl als wertvollste Devotionalie an die alte Residenzstadt zu begreifen ist. Das Pech dabei: Es wurde zweifelsfrei nachgewiesen, dass es nicht aus Wien exportiert, sondern als Scaloppa Milanese von Mailand nach Wien überführt wurde – und zwar vom böhmischen Feldmarschall Radetzky Graf von Radetz. Seither serviert man es am besten zu Johann Strauß'scher Marschmusik an österreichischen Feiertagen mit Erdäpfelsalat …

Nun ist in der Gegenwart sogar die Europäische Union in die kulinarischen Querelen der Mitteleuropäer hineingeraten. Als die Österreicher dem Brüsseler Verein beitraten, nervten sie die dortigen Beamten damit, dass Marmelade nicht zur Konfitüre germanisiert werden dürfe; Marillen sollten nicht zu Aprikosen, Powidl

Die k. u. k. Macht: Gruppenbild nach Manövern in Böhmen, 1875

Folgende Doppelseite: Seiltänzer in Tabor, 1890

Büglerinnen in Prag, um 1900

Folgende Doppelseite:
Jüdischer Trödelladen im ehemaligen Prager Ghetto, um 1905

prodej
železa
brusli.
M. REACH.

Velmi chutný!

nicht zu Pflaumen, Grammeln nicht zu Grieben verkommen. Auch verlangen Sprachpolizei-Vereine, das Wort »Kartoffel« aus dem österreichischen Fernsehen zu verbannen, weil es sich recte um Erd-Äpfel handle; so wie auch holländische Tomaten nichts mit österreichischen Paradeisern zu tun haben – sind doch nur letztere herzhafte Paradies-Äpfel …

Jedenfalls ist jede Region brennend am wörtlichen »Original« interessiert; wenngleich dieses de facto »national« bedeuten kann. Aus der Operette kommt der Hinweis, dass Tokajer ein »echtes« Göttergetränk ist, der Champagner »König aller Weine«. Die Magyaren haben sich die »ungarische« Salami gesichert und halten ihre Pörkölt-Küche aus dem Hause »Gundel« für den absolut höchsten Lebensgenuss des Kosmos – auch wenn das heutzutage Rekordwerte bei den Herzinfarkten und Schlaganfällen bedeutet. Das sehen die Kroaten und Rumänen nicht so dramatisch – weil sie sich die Čevapčići und Krautrouladen auch nicht schlecht machen lassen wollen.

Nun hätte vor dem Herbst 1989 ein Bildband über die Welt der Großeltern nicht viel mehr als Nostalgie beschworen und die

Prager Tramway, um 1890

Melancholie der Vergänglichkeit assoziiert. Jetzt hingegen ist alles anders.

Jagdgesellschaft in Mähren, 1903

Denn nicht von Österreich, nein, von seinen Nachbarn gehen heute Signale aus, die alt-neue Beziehungen sinnvoll, ja logisch machen – zu echten Familienbeziehungen eben. Österreichs Verflechtung mit seinen mitteleuropäischen Nachbarn ist im Bereich der Wirtschaft unübersehbar. Österreich steht mit den Direkt-investitionen demnach in der Tschechischen Republik an dritter Stelle; die Exporte Österreichs haben mit einem Plus von zuletzt 21 Prozent (von 2006 auf 2007) ein Rekordniveau von weit über vier Milliarden Euro erreicht. Die Autobahnen wuchsen langsam zusammen, gemeinsame Kulturveranstaltungen und Ausstellungen wurden vorbereitet, Nationalparks ausgeweitet. Doch die Weltwirtschafts-Depression schwappte von den USA nach Europa über, Wildwest-Methoden wurden auch hierzulande im Bankgeschäft alltäglich und die Krise traf die Wirtschaften der ehemals kommunistischen Länder Ost-Mitteleuropas und Österreich am unmittelbarsten.

Nun ist die Tschechische Republik seit fünf Jahren Mitglied der Europäischen Union. 2009 übernahm sie den EU-Vorsitz und produzierte sich selbst eine respektable Regierungskrise. Dennoch ist die Tschechische Republik aktives Mitglied der Schengen-Gemeinschaft und zahlreicher europäischer Institutionen – ja, man plante bereits den Beitritt zur Eurozone, was der Nachbarstaat Slowakei schon erreichen konnte.

In Österreich hingegen hat vor allem das Tempo der Entwicklung Zweifel, Ressentiments und Xenophobien ausbrechen lassen. Es

Folgende Doppelseite: Mädchenklasse in Prag, 1912

stimmt traurig, dass heute primitiver Chauvinismus und Ausländerhass die innenpolitische Diskussion in Österreich bestimmen. Diese Tatsache beweist allerdings nur, dass es einen Nachholbedarf an Wissen gibt – weil Dummheit und Vorurteil nur durch Information erfolgreich bekämpft werden können.

Tatsache ist, dass der Durchschnittsösterreicher – aber auch der Deutsche, Schweizer, Westeuropäer – dank einer inferioren Medienpolitik der Fernsehanstalten mehr über die Straßen von San Francisco, die Clans von Miami und den *Sex in der City of New York* weiß als darüber, wie es den Nachbarn in Brünn, Debreczin oder Split ergeht.

Passieren hierzulande etwa keine Abenteuer, ist hier die Lebenswelt weniger spannend oder begegnen einander die Menschen langweiliger als in Prärien, Straßenfluchten oder Slums? Nun, keineswegs. Mag sein, dass sich die Physiognomien der Menschen in Mitteleuropa ähneln, dass die Fassaden der Bahnhöfe, Opernhäuser und Postämter austauschbar sind – aber allein schon die zahlreichen Sprachen und Dialekte garantieren Vielfalt und Unterschiedlichkeit. Und doch haben wiederum gerade die Auseinandersetzungen um die Sprachen unglaubliches Unglück ausgelöst – hierzulande. Es bedurfte vieler nationalistischer Konflikte und letztlich zweier Weltkriege, bis der Zeitgeist am Ende war, wonach erst eine historische Sprache eine »komplette« Nation bilden würde. Gerade die »österreichische Nation« ist der klassische Beweis für das Versagen jeglichen Sprachchauvinismus, denn der Österreicher unterscheidet sich bekanntlich vom Deutschen durch die gemeinsame Sprache, wie es der in Nordböhmen geborene Karl Kraus definierte.

Anders steht es um die Literaturen. Sie sind gewissermaßen Teil des Weltkulturerbes. Gute Literatur ist nie chauvinistisch, nie intro-

HANS WEIGEL (1908–1991)

O du mein Österreich

Jahrgang 1900: geboren als Untertanen Franz Josephs I. in einem Reich.
Jahrgang 1920 jedoch: geboren als Bürger einer Republik, die vom Neusiedler See zum Bodensee, vom Wörther See zum Marchfeld und Böhmerwald reicht.
Jahrgang 1900 trägt Böhmen, Mähren, Schlesien, die Slowakei, Ungarn, die Bukowina, Kroatien, Slowenien, Krain, Triest, Trient, Dalmatien, Istrien in sich … Wer um 1900 geboren wurde, ist noch tausendjährig, wer um 1920 geboren wurde, ist so alt wie eine Republik, kennt nichts als sie … Wer bis 1900 geboren wurde, lebt noch das neunzehnte Jahrhundert das 1918 versank. Mit jenen, die um 1920 geboren wurden, hat das zwanzigste begonnen … Frankreich ist Frankreich, Italien ist Italien, sogar Deutschland ist Deutschland geblieben. Die Deutschen wissen, was deutsch ist, was aber ist österreichisch? … Wir sind eines Tages aufgewacht und unsere Großeltern waren Ausländer.

vertiert, nie unkritisch. Was wohl auch für die Sprache Böhmens galt, sowohl für die gepflegte slawische Hochsprache der tschechischen Bourgeoisie als auch für das Deutsch der Böhmendeutschen und Prager Juden.

Nun ist auch das photographische Bild fraglos das stärkste Dokument für Spurensucher. Es ergänzt das Wort, bestätigt und verstärkt es. So stieß ich bei der Recherche für Fotos dieses Bildbandes auf das Phänomen der Austauschbarkeit: Die böhmische Großmutter in all ihrer Lebensfülle – festgehalten im Photoatelier auf der Wiener Mariahilferstraße – neben dem Onkel aus Brünn in der Uniform seines Ulanenregiments in Klausenburg; da hat die Klagenfurter Tante offenbar erfolgreich in Karlsbad gekurt, als sie dort den Marinekapitän aus Fiume kennenlernte und in Budapest heiratete. Und da ist das kleine Mädchen bei ihrer Erstkommunion in der Pfarrkirche von Litomerice/Leitmeritz, die sich als die schöne Briefpartnerin des Großvaters entpuppt, der er aus dem Feldlazarett hinter dem Isonzo heiße Liebesbriefe geschrieben hatte.

Das bildgemäß korrekt wiederzugeben ist eine gewinnbringende Aufgabe. Hier hilft das Bemühen, sich in literarisch Aufgearbeitetes, anekdotisch Gewürztes hineinzuversetzen. Wer hätte nicht auch gerne bei der Tante Jolesch gespeist – von der Friedrich Torberg sagt, sie sei der »Frauen-Typus« für einen gesamten Kulturkreis gewesen und zugleich die beste Köchin böhmischer Krautfleckerl? Wer hätte nicht gerne jenen Bezirkshauptmann von Trotta und Sipolje in seiner mährischen Kleinstadt kennengelernt, wenn er

Folgende Doppelseite:
Kaiser Franz Joseph im Salonzug, 1911

sonntags dem »Radetzkymarsch« zuhörte? Josef Roth hat ihn uns als »Typus« unnachahmlich hinterlassen. Wie muss wohl auch der echte Schwejk ausgesehen haben? Wie Jaroslav Hašek selbst, der höchstpersönlich die Stationen seines Helden quer durch die ganze schwarz-gelbe Welt in feldgrauer Uniform – übrigens mit einer Tapferkeitsmedaille des österreichischen Kaisers am Revers – absolvierte? Schwejk kann man allerdings noch immer antreffen – und das nicht nur in den heutigen Republiken der Tschechen und Slowaken. Es gibt ihn in Wiener Ministerien wie in ungarischen Zollämtern, in Laibacher Redaktionen wie in alpenländischen Landtagen. Dort treibt er einem Kobold gleich sein Unwesen durch Zutodereden und Verwirren, Rückversichern und Verkomplizieren – was Mitteleuropas Zusammenrücken möglicherweise verzögern, aber sicher nicht verhindern wird.

Böhmen, Mähren und die Slowakei einerseits, Österreich andererseits haben in der Vergangenheit mehrmals vergeblich versucht, voneinander loszukommen. Es ist immer zum Nachteil einer der beiden Seiten gewesen. »Ein Untergehen Österreichs im deutschen Meer kann kaum ein Glück für Österreich sein«, prophezeite der Außenminister der ČSR im Frühjahr 1938 am Vorabend des Anschlusses Österreichs.

Und ebenso Recht hatte Milan Hodža, Ministerpräsident der Tschechoslowakei in den 30er-Jahren, als er sein Mitteleuropakonzept vorstellte: »Zwischen Deutschland und Rußland existiert ein Zentraleuropa mit einer eigenen institutionellen Geschichte ... trotz aller Schattierungen mit unbestreitbarer Verwandtschaft in der Zivilisation.«
Dieser Satz gilt auch heute noch, siebzig Jahre später. Er könnte auch von Václav Havel stammen, der dieses Mitteleuropa als tatsächlich außergewöhnliche Region bezeichnete, »mit all den dramatischen gegenseitigen Verflechtungen und Beeinflussungen«, als »farbiges Flechtwerk« auf der Suche nach Wiedergewinnung der ursprünglichen Identität.
Der vorliegende Bildband versucht allerdings mehr als eine wehmutsvolle Retrospektive zu vermitteln. Er will ein kleiner Beitrag zum Lernen durch die Vergangenheit sein.
Wenige andere Völker Europas beziehen ihr Selbstverständnis so ausschließlich aus ihrem historischen Bewusstsein wie gerade Tschechen und Slowaken.
Und überdies will ich mich auch mit einem anderen Phänomen beschäftigen – mit der böhmischen Esskultur, die mit der Lebenswelt unserer Großmütter untrennbar verbunden ist. Weil ich selbst aber vom Einkaufen und Kochen nichts verstehe, schließe ich ein Postskriptum aus der leichten Feder meiner Frau Christiane Marie an – eine Referenz gegenüber einem wichtigen Teil unserer mitteleuropäischen Zivilisation.
Das Bildmaterial des vorliegenden Bandes haben mir tschechische und österreichische Leser zur Verfügung gestellt. Ich drang ein in Familienkorrespondenzen und in die Geschichten der Generationen. Weiters haben Agenturen und Archive ihre Schätze bloßgelegt, sodass es mir letztlich außerordentlich schwer fiel, eine Auswahl an Bildern zu treffen.
Auch die in diesem Buch enthaltenen Literaturzitate sind Momentaufnahmen der Zeitgeschichte. Sie sollen aber auch zeigen, wie unterschiedlich die klugen Köpfe von damals die gleichen Phänomene der Zeit betrachteten.

*

Allen, die mir dabei geholfen haben, danke ich für die Hilfe und das Verständnis. Dem Verlag Amalthea danke ich für die Bereitschaft zur Veröffentlichung. Möge das Buch seine Absicht verwirklichen, und vom Gestern eine Brücke ins Morgen bauen ...

H. M.

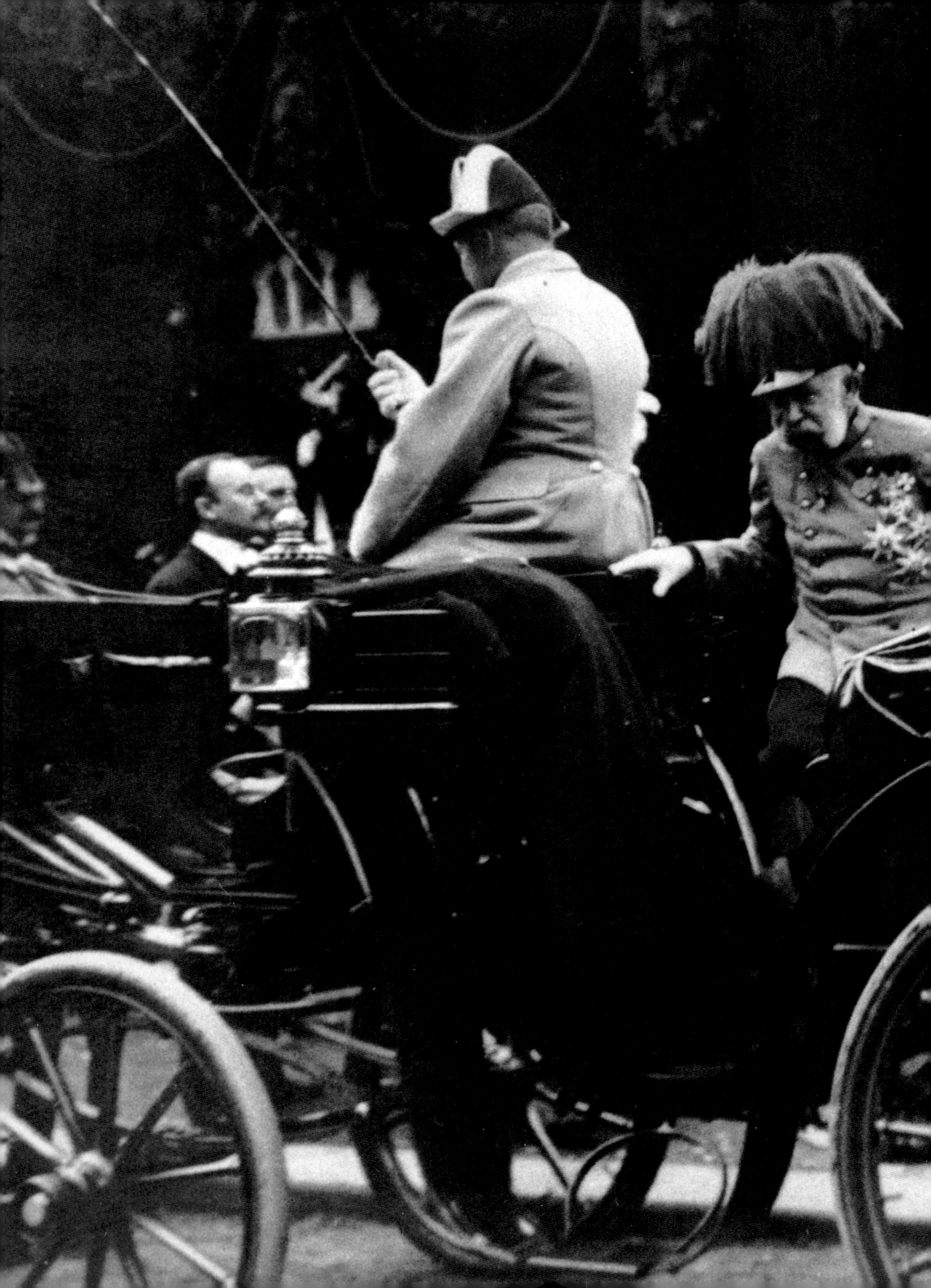

TSCHECHEN, DEUTSCHE, JUDEN UND EIN KÖNIGREICH

Die Menschen als Opfer der Politik? Mehr als anderswo war die Welt der Grosseltern in Böhmen und Mähren von nationalen, wirtschaftlichen und gesellschaftlichen Spannungen bestimmt. Prag, Brünn und Wien bildeten überdies im 19. Jahrhundert ein dramatisches Kraftdreieck. Dazwischen stand ein hilfloser Kaiser Franz Joseph, der farblose Regierungen auswechselte.

Sich mit Böhmen zu beschäftigen, bedeutet seine Geschichte zu begreifen. Denn mehr als bei jedem anderen Volk in Europa ist nationale Rückschau auch Gegenwart – und zwar bis heute. Das hängt eng damit zusammen, dass erst die Geschichtsschreibung des 19. Jahrhunderts den Tschechen, Mährern und Slowaken ein eigenes Selbstverständnis vermittelte. Will man die Menschen zwischen Erzgebirge und dem österreichischen Weinviertel verstehen, muss man daher in den Fluss der Geschichte eintauchen – und das zurück bis zur Sagenkönigin Libussa, denn wie die Räder eines Uhrwerkes greift das eine in das andere über.
»Byli jsme a budem!« – »Wir waren und wir werden sein« – wurde zum Aufruf mehrerer tschechischer Generationen, die ihre Identität für das historische Überleben ausschließlich aus der Tatsache des biologischen Daseins bezogen. »Gäbe es die Geschichte nicht, wären wir eine Masse, die kein höheres Selbstbewusstsein besitzt, ein Volk ohne Ziel und Ideal«, meinte der 1870 geborene große Historiker Josef Pekař. Sein Kollege Zdeněk Nejdelý ging noch weiter: »Es gibt bei den Tschechen keine nationalere Wissenschaft als die Geschichte.«
Just darin freilich liegt das Problem.
Geschichtswissenschaft war im Böhmen des vorigen Jahrhunderts zur Ideologie geraten. Historiker wurden zu Politikern, die Analyse der böhmischen Geschichte zur Polemik. Nur so versteht man die Bedeutung jenes Mannes, der 1829 als 31jähriger zum böhmischen ständischen Historiographen bestellt worden war und den konkreten Auftrag bekam, eine Geschichte Böhmens zu verfassen: František Palacký. Der einfache Lehrersohn aus Mähren – unweit der heutigen österreichisch-tschechischen Grenze geboren – behauptete, dass im österreichischen Biedermeier das tschechisch sprechende Volk als Subjekt aus der Geschichte ausgetreten war. Vor allem ohne eigentliche Hochsprache war das Tschechentum in Anbetracht der Umklammerung durch den deutschen

Geschichte
von
Böhmen.
Größtentheils
nach
Urkunden und Handschriften.
Von
Franz Palacky.
Erster Band.
Die Urgeschichte und die Zeit der Herzoge in Böhmen
bis zum Jahre 1197.
Prag.
In Commission bei Kronberger und Weber.
1836.

FRANTIŠEK PALACKÝ (1798–1876)

Erklärung über die Gleichberechtigung der Nationalitäten, 1848

Die Schriftsteller Prags, böhmischer wie deutscher Zunge, gehoben von dem Gefühle der Freiheit und der in der letzten Zeit an den Tag getretenen Eintracht der böhmischen und deutschen Bevölkerung ihres Vaterlandes, haben in ihrer am 21. März 1848 gehaltenen Versammlung einstimmig den Beschluß gefasst, öffentlich zu erklären, mit allen Kräften dahin wirken zu wollen, daß dieses glückliche Verhältnis nicht gestört, sondern aufrecht erhalten werde. Es soll auf Grundlage völliger Gleichberechtigung beruhen, so daß weder die Böhmen vor den Deutschen, noch die Deutschen vor den Böhmen irgend einen Vorzug genießen sollen … sie erklären ferner, die Vereinigung der böhmischen Krone mit dem österreichischen Staate durch das Band der constitutionellen Monarchie in Schrift und Wort auf's Kräftigste wahren zu wollen.

Karlsbrücke, um 1875

GIACIN

Prager Erzbischof Friedrich Johann Schwarzenberg, um 1880

Fronleichnamsprozession am Altstädter Ring, 1882

»Lebensraum« zu einem kleinbürgerlich-bäuerlichen Dienst-Schicksal verurteilt. Im Gegensatz zu Polen, Kroatien und Ungarn, gab es seit 1620 keinen sich zum Tschechentum bekennenden Adel mehr. Das städtische Bürgertum sei entnationalisiert und ganz anders als in den großen Stadtkulturen Italiens oder Flanderns ohne Bedeutung geblieben, so Palacký. Überdies war auch die industrielle Revolution in ihrer ersten Welle noch nicht bis Böhmen vorangekommen, denn es fehlte den Westslawen an einer ausgebildeten Intelligenz, die sich als Vertreterin eines literarischen und künstlerischen Erbes verstanden hätte.
Es war die Einführung der allgemeinen Schulpflicht in der habsburgischen Monarchie, die unter Maria Theresia eine erste Weichenstellung zu einer tschechischen Wiederbesinnung erwirkte. Im Königreich Böhmen waren der Augustinerchorherr Ignaz Felbinger und nach ihm der Priester Ferdinand Kindermann jene Pädagogen, die im Auftrag der Kaiserin eine »Allgemeine Schulordnung« verwirklichten. Dabei entstanden auch tschechische

Links: Gasthaussänger »Fürst Isphahan«, um 1890
Rechts: Milchverkäuferin, 1887

Linke Seite: Fischverkäufer in Prag, um 1890

Links: Gerichtsdiener und Exekutor, 1886
Rechts: Prager Dienstmann, 1886

Katechismen und Bibeln, Sprach- und Rechenbücher. Immerhin existierten 1778 bereits über fünfhundert Volksschulen in Böhmen und Mähren. Die Zahl wuchs unter Joseph II. (bis 1790) auf 2000 Schulen an. Auch das Recht der Stände, die Landtagsverhandlungen auf tschechisch zu führen, hatte Maria Theresia nicht angetastet.

Joseph empfahl den Untertanen, die Landessprache zu lernen und trug ihnen auf, die Kinder »fleißiger in der böhmischen Sprache unterrichten zu lassen«.

Aber umgekehrt war ihm auch daran gelegen, dass man Deutsch sprach. Jedermann sollte im Reich der Wenzelskrone zweisprachig sein, was »der böhmischen Nation zu größerem Vorteil gereichen [würde], da ohne solche der Weg zu vielen Bedingungen für sie verschlossen ist«.

Rechte Seite: Geisteskranker Obdachloser, um 1890

Der Realismus der Habsburger ging so weit, dass Maria Theresia der Einrichtung eines Lehrstuhles für tschechische Sprache an der Wiener Universität zustimmte. So studierten tatsächlich bald

Radfahr-Meister Jindra Vojdilek, 1890

böhmische Landeskinder in Österreich zweisprachig, während in Prag nur auf Deutsch unterrichtet wurde.
Maria Theresias genialer aber unsensibler Sohn Joseph, der aufgeklärte »Revolutionär von Gottes Gnaden«, sah das Problem ausschließlich unter dem Gesichtspunkt der Funktionalität. Deshalb, und nur deshalb, forcierte er – wie in allen anderen Kronländern der Monarchie auch – das Deutsche als Amts- und Dienstsprache. Gegen die »schönen Wissenschaften« auf Tschechisch hatte er keinerlei Einwände, hegte er doch Zeit seines Lebens eine besondere Sympathie für die Böhmen. Als eine fürchterliche Hungersnot 1775 einen Bauernaufstand hervorrief, war Joseph als einziger zur Stelle und setzte sich für das von den Großgrundbesitzern rücksichtslos ausgebeutete Volk ein. »Ich nehme gegen meinen Willen

Prager Schönheit, um 1900

am Untergang teil«, schrieb er erschüttert nach Wien, »und mein patriotisches Herz zerspringt«. So hatte er auch nichts dagegen einzuwenden, dass sein eigener Tschechischlehrer Wenzel Pohl eine »böhmische Sprachkunst« herausbrachte, 1784 eine »Böhmische Gesellschaft der Wissenschaften« entstand und 1788 die »Monatsschrift zur Belehrung und Belustigung des einfachen Volkes« auf Tschechisch erschien. Unter ihm wurde auch ein Lehrstuhl für die böhmische Sprache an der Prager Karls-Universität mit einem (allerdings mehr als zwiespältigen) Mann besetzt, der sich selbst halb als Tscheche, halb als Deutscher betrachtete: Franz Martin Pelzel bzw. František Martin Pelcl. Dieser hatte mit vielen rationalistischen Geistern seiner Generation gemein, das »Böhmentum« als natürliche Bi-Nationalität zu begreifen.

Einweihung des Nationalmuseums am Wenzelsplatz, 1890

Tschechische Komponisten (v. r. n. l.) Karel Bendl, Antonin Dvořák, Josef Bohuslav Foerster, Jindrich Kaan, Karel Kovarovic und Zdeněk Fibich im Nationaltheater am Smetana-Kai, um 1885

Nun waren es nicht eigene aufgeklärte Literaten und Wissenschaftler des 18. Jahrhunderts, die den jungen Tschechen Palacký in seiner biedermeierlichen k. u. k. Welt beeinflussten, sondern der Wegbereiter der deutschen Romantik, Johann Gottfried Herder. Dessen Verherrlichung der Natürlichkeit, Vielfalt und Schönheit der europäischen Sprachen gipfelte in der Behauptung, die Völker hätten nur dank Sprache und Volkstum eine kollektive Persönlichkeit. Für Herder waren die bäuerlichen Slawen »mildtätig, bis zur Verschwendung gastfrei, Liebhaber der ländlichen Freiheit – und Feinde des Raubens und Plünderns«. Auch Franz Grillparzer macht sich – vor allem in seiner »Libussa« – dieses Slawen-Bild Herders zu Eigen. Aber Palacký ging noch einen Schritt weiter: Raubend und plündernd seien, so behauptete er, die Deutschen tausend Jahre lang in das Gesichtsfeld der Westslawen getreten und sie wären »kriegerische, herrschsüchtige Eroberer« gewesen, denen die fleißigen, gutmütigen und arglosen Tschechen von Anfang unterlegen gewesen seien.
Trotzdem das allzu simpel und nicht wirklich historisch belegbar war, schien die neue Botschaft Palackýs Landsleuten doch als Grundgesetz von Ursache und Wirkung in der Geschichte akzeptabel gewesen zu sein. Die Zeit des Feudalismus – »eine wechselseitige Versicherungsanstalt des den Tschechen geraubten Gutes«, so Palacký – wurde zu einem steten Ringen des deutschen und slawischen Elementes in Böhmen. Damit war klar, was »Geschichte« für die böhmischen Intellektuellen des 19. Jahrhunderts bedeutete: Das wichtigste Motiv im Streit um die nationale Existenz. So geriet es zum Treppenwitz, dass just Herders Erklärung über die Slawen

zur Ermunterung wurde, den langen trägen Schlaf zu beenden und »sich von den Sklavenketten zu befreien«. Also, das Schicksal in die eigene Hand zu nehmen – ein Missverständnis bis in die Gegenwart.

Zuvor freilich stand die Frage nach der »Nationalität« noch im Revolutionsjahr 1848 zur Diskussion. Sollten die tschechisch sprechenden Bewohner des Königreiches Böhmen allein gegen die deutsche Vorherrschaft der Habsburgermonarchie kämpfen oder einen Zusammenschluss mit anderen Völkern der Monarchie suchen? Sollte man die Hilfe der machtvollsten »slawischen Brüder« in Anspruch nehmen? Das größte slawische Reich lag ja fast vor der Haustür: Das russische Imperium des Zaren.

Die Entscheidung nahm Nikolaus I. den sich zunehmend organisierenden Slawophilen bald ab. Hatte doch nach einem Aufstand in Polen im Jahr 1830 der Zar eine rücksichtslose Russifizierung der slawischen Polen befohlen, die an Grausamkeit kaum zu überbieten war und von der sich die Herrschaft der österreichischen Kaiser trotz aller Vormärz-Schikanen im Metternichschen System

Musiker des 36. Böhmischen Infanterieregiments, Mladá Boleslav/Jungbunzlau, um 1880

JAN SKUROVEC.
208
JOSEF SAMEC.

Hochwasser in Prag, 1890

milde ausnahm. 1848 machten die Russen neuerlich klar, dass sie jeden Funken von Revolution mit dem Stiefel austreten würden, wer auch immer die gottgewollte Ordnung verändern wolle. Es war Palacký, der daraufhin seine Gesinnungsfreunde aus der tschechischen Intelligenz überredete, ihre nationalen Ziele ausschließlich im Rahmen der österreichischen Donaumonarchie zu verwirklichen. Mit seinem berühmten Brief an die Deutsche Nationalversammlung wurde er einerseits zum unbestrittenen Vorkämpfer gegen die »germanische« Vorherrschaft in Mitteleuropa – zugleich aber auch zum überzeugten Streiter für das multinationale Habsburger-Imperium.
Die Sache hatte freilich einen etwas verwickelten Hintergrund. Das

Königreich Böhmen war seit dem 11. Jahrhundert unbestrittener Teil des Römisch-Deutschen Reiches und seine Könige waren zumindest zeitweise die wichtigsten Kurfürsten bei der Kaiserwahl. Die 1848 in Frankfurt versammelten Abgeordneten des sogenannten Deutschen Bundes verstanden sich nun aber als demokratische Erben des alten Reiches. Sie hatten deshalb auch Böhmen aufgefordert, gewählte Vertreter in die Frankfurter Paulskirche zu entsenden. Es war Palacký, der als Historiker seines Volkes mit historischen Argumenten antwortete: »Die deutschen Kaiser [hatten] mit dem böhmischen Volk von jeher nicht das mindeste zu tun und zu schaffen gehabt« und deshalb könne ein »Böhme slawischen Stammes« auch jetzt nicht einem deutschen Parlament angehören.

Bauarbeiter in der Prager Josefstadt, um 1910

Dann freilich kam Palacký in seinem Schreiben auf Österreich zu sprechen, dem er eine einigende Idee nicht nur zubilligte, sondern eine solche geradezu beschwor: Denn alles würde dem russischen Imperialismus anheim fallen, würde es Österreich nicht geben. Gute 100 Jahre vorausblickend, fürchtete er: »Denken Sie sich Österreich in eine Menge Republiken aufgelöst – welch ein willkommener Grundbau zur russischen Universalmonarchie!«
Nur ein starkes multinationales Habsburgerreich, so Palacký, könnte ein solches verhindern, wobei die Donau die »Lebensader« der vielen kleinen Völker darstellte und Wien der natürliche Mittelpunkt sei – während Frankfurt niemals zur »Kapitale« erhoben werden dürfe. Die Vorstellung – und auch darin war Palacký 1848 hellsichtig –, dass Österreich in Deutschland aufgehen würde, sei »eine Zumutung des Selbstmordes«. Und dann der entscheidende Satz: »Wahrlich, existierte der österreichische Kaiserstaat nicht schon längst, man müsste im Interesse Europas, im Interesse der Humanität selbst sich beeilen, ihn zu schaffen.«

In Frankfurt empfand man den Brief als eine kalte Dusche – aber der »Slawenkongreß« in Prag bestätige Palacký eindrucksvoll. So legte er in der Folge zwei Verfassungsentwürfe vor: Im ersten ging er von vier Großregionen aus, aus denen die zu reformierende österreichische Monarchie gebildet werden sollte; im zweiten von nationalen Einheiten, die die wahren Grenzen historischer Kronländer berücksichtigen würden. Für Böhmen und Mähren bedeutete dies, die Deutschsprachigen von den Tschechischsprachigen zu trennen. Für Palacký gab es dafür primär einen historischen Grund: »Wir haben besonders in Böhmen bei unseren deutschen Mitbürgern leider nur allzu wenig jenes historische Gefühl für das Königreich Böhmen bestätigt gesehen.« Den Ungarn unterstellte er gleichfalls, ihre »historische Individualität« auf Kosten ihrer slawischen Nachbarn verstärken zu wollen. Seine Tschechen hingegen würden in einer eigenen, föderativen Gemeinschaft »weder nach einer Oberherrlichkeit über die übrigen Nationen, noch nach ihrer Unterdrückung streben«.

Bauern bei Český Brod, 1882

Handwerker in einer Tapeziererwerkstatt, Prag 1914

Das alles war freilich schon in dem Augenblick überholt, als der kaiserliche Hof im Herbst 1848 nach der Ermordung des Kriegsministers Theodor Graf Latour beschlossen hatte, überall mit der Revolution »aufzuräumen«. Und der neue Kaiser Franz Joseph und seine reaktionären Berater dachten nicht daran, Umgestaltungspläne der Monarchie zu verwirklichen, solange nicht überall die kaiserliche Autorität wieder hergestellt war – und tatsächlich zogen sich in Ungarn die sezessionistischen Kämpfe noch monatelang hin. Palacký war deshalb, verständlicherweise, pessimistisch geworden. Man verstand ihn in Wien nicht und er spürte, wie vor allem jüngere Kräfte daheim in Böhmen seine pro-österreichische Haltung bekämpften. Als schließlich die Idee des Dualismus zwischen Deutsch-Österreichern und Ungarn immer mehr in den Vordergrund trat, wurde er aber erst recht zum Propheten: Den Slawen im Rahmen der Monarchie nicht gleiche Rechte zu geben wie den Ungarn, würde bedeuten, sie zu Gegnern der Habsburgermonarchie zu machen.

Als 1867 tatsächlich der Ausgleich zwischen Wien und Budapest erfolgte, pilgerte Palacký auch nach St. Petersburg. Die Russen seien ja, urteilte er nun, »unsere natürlichen Blutsverwandten, Freunde und Helfer ...«, während sich »das Donaureich auf der schiefen Ebene, welche zum Abgrund führt« befinde. Da nützte es auch nichts, dass Kaiser Franz Joseph 1867 die Wenzelskrone von Wien nach Prag überführen ließ – eine gut gemeinte Geste, die aber prompt nur die nationaltschechischen Einwohner anstachelte.

Dabei fand Palacký lange Zeit seine Verbündeten vor allem auch im böhmischen Adel. Der »Bohemismus« hatte eine lange Tradition und Hochadelige sprachen, auch wenn sie deutsche Geschlechternamen trugen, öffentlich tschechisch. Es waren gerade diese ersten Familien des Landes – wie Ministerpräsident Fürst Carlos Auersperg und der einflussreiche Graf Heinrich Jaroslav Clam-Martinic – die im Gleichklang mit der liberalen und nationalen Intelligenz der Tschechen gegen die Aufteilung der alten Monarchie in eine deutsch-österreichische und eine ungarische Hälfte auftraten. Vor allem aber war es Graf Karl Sigmund Hohenwart, der – 1871 vom Kaiser mit der Regierungsbildung beauftragt – sofort an eine Lösung der »slawischen Frage« heranging.

Dieser Hohenwart war ein »typischer« Österreicher – war er doch zuerst Beamter in Rijeka/Fiume, dann in Trento/Trient, Ljubljana/Laibach und Linz gewesen. Auch nahm er sogleich zwei Tschechen in seine Regierung auf und legte einen Plan zur Autonomisierung Galiziens vor – als Vorbild für Böhmen, denn dort sollte eine Reihe von Kompetenzen auf den Landtag in Krakau übergehen, wodurch die österreichischen Polen solcherart mehr oder weniger zufriedengestellt werden konnten. Im sogenannten *Septemberreskript* erklärte sich schließlich auch der Kaiser bereit, Böhmen erweiterte Autonomie zu ermöglichen. (Mähren war ein

Sonderfall, weil sich der mährische Landtag vom böhmischen für unabhängig erklärt hatte.) Die Wiener Regierung legte schließlich ein Nationalitätengesetz vor, in dem eine ganze Reihe von Gleichberechtigungsforderungen hinsichtlich der Sprache berücksichtigt wurden: Das Tschechische wie das Deutsche sollten im Königreich Böhmen nebeneinander in der Verwaltung verwendet werden, ebenso im Schulwesen und vor Gericht. Der Landtag sollte »Kurien« umfassen.

Genau das aber war zuviel an Tschechenfreundlichkeit für die deutschsprachigen Einwohner Böhmens. Heftig akklamiert von den sich formierenden Deutschtümlern in der übrigen Monarchie protestierten sie nicht nur, sondern riefen lautstark zum Widerstand und Totalboykott auf. Aus dem böhmischen Landtag ausgezogen, ließen sie die Tschechen allein, die ihrerseits die sogenannten Fundamentalartikel für sich formulierten. Diese gingen davon aus, den Dualismus zwischen Österreich und Ungarn zu einem Trialismus – mit Böhmen als dritten Partner – auszuweiten. Heerwesen, Außenpolitik und Finanzen sollten in Wien zentralisiert bleiben, alles Übrige aber autonom von einem böhmischen Parlament entschieden werden.

Abgesehen von dem Umstand, dass ein Trialismus keineswegs andere, kleinere Nationalitäten berücksichtigt hätte, empfanden die Deutsch-Böhmen wie die soeben zum »Staatsvolk« avancierten Ungarn diese »Artikel« als Provokation. Und auch die Liberalen und die Zentralisten waren entschieden dagegen.

Was aber tat Kaiser Franz Joseph, der Souverän? Nun, Franz Joseph verhielt sich so, wie er das schon mehrmals getan hatte (und noch mehrmals tun sollte): Er gab angesichts der Schwierigkeiten nach; ging weiteren Auseinandersetzungen aus dem Weg – und tat nichts. Ja, er schickte den Tschechenfreund Hohenwart in die Wüste.

In Böhmen wuchs von nun an der Hass auf das »unfähige Wien«, wachgehalten durch eine immer radikaler werdende nationale Bewegung. Tschechen und Deutsche, die jahrhundertelang einigermaßen friedlich im Reich der Wenzelskrone zusammengelebt hatten, standen sich mehr und mehr als erbitterte Gegner gegenüber. Wieder war es dabei der Rückgriff auf die Geschichte, die bei beiden Nationalitäten gleichermaßen zur »intellektuellen Aufrüstung« beitrug. So wurde das Prager Nationalmuseum, an dem auch Palacký mitarbeitete, ein Ort zum Zusammentragen von Dokumenten und Werken der großen böhmischen Geschichte: Seine Idee beruhte auf der Führung des Nachweises, dass ausschließlich die slawischen Bewohner Böhmens und Mährens die eigentlichen Träger der kulturellen und geistigen Traditionen Mitteleuropas gewesen wären. Parallel dazu kam es auch zu einer Bewusstmachung des Wertes der tschechischen Sprache sowie deren linguistischer Fixierung. Ein Konversationslexikon entstand, Almanache und Literaturzeitungen fanden Autoren und Leser. Karel Hynek

13.

Industriearbeiter in den Skoda-Werken, Pilsen 1914

Folgende Doppelseite:
Montage von Thonet-Sessel in Korycany/Koritschan, 1880

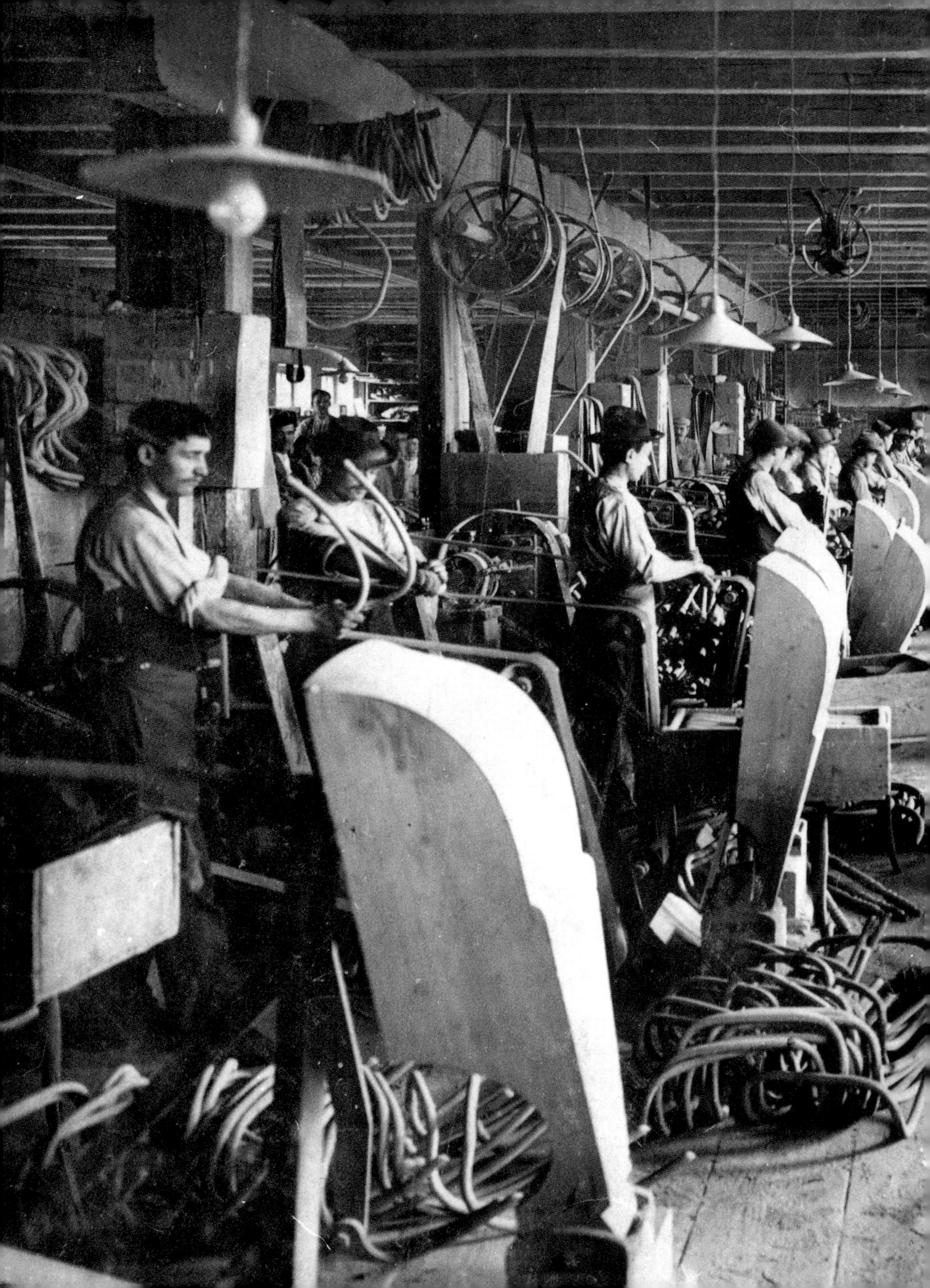

Hausierer (Roma) in Olomouc/Olmütz, 1913

Mácha schrieb das Versdrama »Mai«, eine romantische Zeitgeist-Dichtung. Und es war schließlich der am 48er Aufstand aktiv beteiligte Journalist Karel Havliček-Borovský (1821–1856), der zum Begründer des politisch aggressiven tschechischen Schrifttums wurde. So konnte seine kraftvolle Literatur, die er in der Verbannung in Südtirol verfasste (»Tiroler Elegien«), ab nun jeder gebildete Tscheche rezitieren. Interessant, dass ihm eine Frau an die Seite trat: Nämlich die in Wien geborene Božena Němcová – die einen tschechischen Realismus mit dem Roman »Babička« (dt. Großmütterchen) begründete: Große Literatur über die kleinen Dinge des Lebens, Erinnerung an die slawische Mütterlichkeit für ganze Generationen. Schließlich war es dann Jan Neruda (1834–1891), der sich vom Journalisten, Feuilletonisten und Erzähler zum poetischen Lyriker entwickelte – dem Schweizer Gottfried Keller in seinen Themen nicht unähnlich. Nerudas »Freiheitsgesänge« inspirierten das nationale Bewusstsein außerordentlich, weil er es in die Sphäre der religiösen Schwärmerei erhob.
Ab den 70er Jahren des 19. Jahrhunderts wurde schließlich zunehmend alles in der Lebenswelt der Großeltern unter dem Aspekt der Konfrontation gesehen. Ein Beispiel: Je öfter sich die tschechischen Intellektuellen über Deutschtümelei ärgerten, desto mehr interessierten sie sich für die *nicht*deutsche Literatur. Jaroslav Vrchlický übersetzte und interpretierte die Franzosen Victor Hugo, Baudelaire und Verlaine, Julius Zeyer ließ sich von den Russen anstecken und Tomáš Masaryk, der spätere Staatspräsident, inspirierte sich an den Engländern.

Obdachlose in Jihlava/Iglau, um 1910

Immer wieder ging es in der Thematik der tschechischen literarischen Schöpfungen um die legendenumwobene Nationswerdung in grauer Vorzeit und um die Leidensstationen der Böhmen. Vor allem die Hussitenzeit und der Dreißigjährige Krieg kehrten als Thema wieder – verbunden mit antikatholischen und antihabsburgischen Motiven. Die tschechischen Dichter und Denker waren dabei nicht weniger vom Zeitgeist verschont als andere, wobei just die deutschen Denker Nietzsche und Schopenhauer den eigenwilligen Hintergrund für so manche philosophische Polemik bildeten. Eine starke Literatur braucht aber auch ein Theater, in dem sie sich artikulieren kann. Kein Wunder, dass die Errichtung eines »Nationaltheaters« in Prag zum emanzipatorischen Zentralanliegen wurde. František Rieger, Palackýs späterer Schwiegersohn, wurde zum Motor einer großen Geldbeschaffungsaktion – und sammelte vor allem unter den einfachen Leuten. Das Groteske daran war, dass das »vaterländische« Theater von Kronprinz Rudolf eröffnet wurde. Ein großer Brand, der das gesamte Theater zerstörte, löste in der Bevölkerung einen großen Schock aus. Aber statt Resignation zeigte sich neuerlich eine unglaubliche Opferbereitschaft, wodurch das Nationaltheater zum imponierendsten Bauwerk tschechischer Nationalkultur wurde. Eine ganze Reihe von Künstlern, die an der Ausgestaltung des heroischen Weihetempels des Tschechentums mitgewirkt hatte, nannte sich »die Generation des Nationaltheaters«. Und man orientierte sich jetzt nicht nach Wien, wo durch den Bau und die Ausschmückung der Ringstraße eine unbestrittene Kunstmetropole Mitteleuropas entstanden war,

Kaiser Franz Joseph zu Pferd in Böhmen, 1907

Palais-Pförtner auf der Prager Kleinseite, um 1900

sondern primär nach München und Paris. Bei der Innenraumgestaltung standen mythologische Szenen, slawischer Symbolismus und bäuerliche Motive im Vordergrund. Was aber nicht ins Theater passte, wurde bei Industrie- und Volkskundeausstellungen herausgestellt. So zeigte sich die ungemein fruchtbare Breite jener Künstler, die sich als »Praktiker« dem Plakat, der Keramik, der in Böhmen traditionsreichen Glaskunst und der Textilbearbeitung zugewandt hatten.

Das Nationaltheater wurde aber auch Zentrum einer neuen slawisch inspirierten Musikkultur, die sich eine führende Rolle in der europäischen Musikwelt zurückeroberte – war die Stadt Prag und ihr Umland doch seit jeher vom musikalischen Rhythmus erfüllt. Mit Recht war Prag eine wichtige Mozartstadt, die Wolfgang Amadeus liebte und in der er, vor allem mit dem »Don Giovanni«, rauschende Erfolge gefeiert hatte. Auch die böhmischen Barockmusiker waren im 18. Jahrhundert mit glänzenden Kompositionen zur Weltspitze vorgedrungen: Adalbert Gyrowetz etwa, Leopold Koželuh, Georg Benda, Josef Mysliveček – den Mozart als *il divino Boemo* (der göttliche Böhme) bezeichnete – oder auch die Mährer

Palais-Pförtner in der Prager Altstadt, um 1900

Pavel Vranitzky und František Krommer. Für den Komponisten Johann Friedrich Kittl schrieb Richard Wagner 1848 ein Textbuch, Joseph Labitzky machte die Polka nebst dem Walzer populär, František Škroup schuf das böhmische Singspiel. Bedřich Smetana konnte ergo auf eine musikbewusste Öffentlichkeit zählen, als er zum tschechischen Nationalmusiker schlechthin wurde und er die tschechische Volksmusik sowie historische Themen popularisierte. Ganz seiner Tradition folgte ihm Leoš Janáček, ein Slovake, der »Jenúfa« im mährischen Brünn herausbrachte und bis heute auch mit »Katja Kabanowa« und dem »Schlauen Füchslein« auf den großen Opernbühnen präsent ist.

Anders bei Antonín Dvořák: Seine Opern überlebten nicht, dafür wurde ein Großteil seiner symphonischen Dichtungen zum festen Bestandteil aller Konzertsäle, wodurch Prag auch kulturpolitisch zu einem ernsthaften Konkurrenten Wiens geworden war.

Die »Goldene Stadt« verwandelte sich auch in anderer Hinsicht: Waren 1866 im Preußisch-Österreichischen Krieg nach Königgrätz die Norddeutschen noch auf eine vornehmlich deutschsprachige Stadt gestoßen, wurde in Prag in den folgenden zwei Jahrzehnten

Kaiser Franz Joseph in Písek (aufgenommen um sechs Uhr früh), 1888

Die Nationalitäten der Österreichisch-Ungarischen Monarchie 1880–1910

	1880		*1910*	
Deutsche	9.963.000	26,4 %	11.987.000	24,2 %
Magyaren	6.445.000	17,1 %	10.050.000	20,3 %
Tschechen	5.181.000	13,7 %	6.436.000	13,0 %
Slowaken	1.864.000	5,0 %	1.968.000	4,0 %
Serbo-Kroaten	2.916.000	7,7 %	3.528.000	7,6 %
Slowenen	1.141.000	3,0 %	1.253.000	2,5 %
Polen	3.239 000	8,6 %	4.686.000	10,0 %
Ukrainer (Ruthenen)	3.149.000	8,3 %	3.991.000	8,1 %
Rumänen	2.596.000	6,0 %	3.224.000	6,5 %
Italiener	669.000	1,7 %	768.000	1,6 %
Sonstige	623.000	1,6 %	1.090.000	2,2 %

mehrheitlich tschechisch gesprochen. Das hing zum einen mit der Industrialisierung zusammen, zum anderen auch mit dem Verkehrsbund, der entstanden war.
1832 wurde als erste Schienenbahn Europas die Strecke Linz–Budweis erschlossen, die man allerdings noch mit echten Pferdestärken zurücklegte. Kurz darauf entstand eine Bahnlinie von Prag nach Vejhybka/Weiche. Die älteste Dampfeisenbahn der Donaumonarchie führte von Brünn über Prag nach Bodenbach. 1856 war eine Eisenbahnlinie von Aussig nach Teplitz konzessioniert worden. Eine »Süd-Norddeutsche Verbindungsbahn« und die »Böhmische Westbahn« von Prag nach Pilsen entstand. Erst nach 1866 wurde die »Kaiser-Franz-Josephs-Bahn« von Prag nach Wien gebaut, während die »Österreichische Nordwestbahn« Mähren erschloss. Eine West-Ost-Verbindung von Böhmen nach Mähren erfolgte hingegen erst relativ spät.
Dennoch blieb die Wohlstandssteigerung der wachsenden Bevölkerung gering; und so transportierten die neuen Bahnen hunderttausende Menschen, die als Landflüchtige Arbeit in neuen Ballungszentren suchten – nach Wien. Das wiederum ließ böhmische Städte nicht in jenem Maße wachsen wie andere Zentren der Donaumonarchie (neben Wien etwa Budapest und Triest). Allerdings verfiel dadurch Prag nicht dem Fieber der Spekulationen, das anderswo für die systematische Zerstörung der alten Stadtkerne verantwortlich war. Prags mittelalterliches Aussehen blieb so als einzigartiges europäisches Phänomen erhalten. Überdies zeichnete sich die Stadt durch ein eigenwilliges Flair von Bonhomie aus. Nicht zuletzt das zentral gelegene jüdische Ghetto und die Palais-Zone am Fuß des Hradschin blieben unbeschädigt und verzaubern bis heute Besucher, während anderswo die graue Monotonie von Zinskasernenviertel dominiert.
Die Industrialisierung Böhmens und Mährens im 19. Jahrhundert

erfolgte relativ dezentral, weil sie sich an den Bergbau- und Hüttenproduktionsstätten orientierte.
Abgesehen von der Spinnerei- und Textilproduktion (Zentrum war Reichenberg-Liberec) entstand früh eine mechanisch betriebene Schwerindustrie, die auf Kohleförderung, Eisenerzeugung und Maschinenproduktion basierte. Böhmen war reich an Bodenschätzen. Eine Statistik aus der zweiten Hälfte des 19. Jahrhunderts besagt, dass zum Beispiel hundert Prozent der gesamtösterreichischen Produktion von Nickel-, Silber-, Antimon-, Zinn- und Wolframerz von Böhmen aus bestritten wurde, vor allem aber 80 Prozent der Braunkohle, immerhin noch 42 Prozent der Steinkohle und rund 30 Prozent des Eisenerzes. Schon früh war Böhmens industrielle Technologie zur fortschrittlichsten in der Donaumonarchie geworden, was mit dem nun entstehenden Typ des neuen »Industriellen« zusammenhing. Die Tschechen entwickelten auch eine besondere Begabung für Handwerk und Technik. Schon 1733 war in Böhmen – in Joachimsthal – auch die älteste bergmännische Lehranstalt der Welt entstanden; nach 1848 nahm eine hochschuladäquate »k. k. Montanlehranstalt« in Přibram/Pibrans den Betrieb auf.
Das alles entstand und funktionierte im Rahmen einer pragmatischen Zusammenarbeit von Deutsch- und Tschechischsprachigen. Vor allem aber waren es nach dem politischen Sieg des Liberalismus

STEFAN ZWEIG (1881–1942)

Die Welt von Gestern

Die Familie meines Vaters stammte aus Mähren. In kleinen ländlichen Orten lebten dort die jüdischen Gemeinden im bestem Einverständnis mit der Bauernschaft und dem Kleinbürgertum ... Früh vom orthodox Religiösen emanzipiert, waren sie leidenschaftliche Anhänger der Zeitreligion des »Fortschritts« und stellten in der politischen Ära des Liberalismus die geachtetsten Abgeordneten im Parlament. Wenn sie aus ihrer Heimat nach Wien übersiedelten, paßten sie sich mit erstaunlicher Geschwindigkeit der höheren Kultursphäre an, und ihr persönlicher Aufstieg verband sich organisch mit dem allgemeinen Aufschwung der Zeit ... Mein Großvater väterlicherseits hatte Manufakturwaren vertrieben. Dann begann in der zweiten Hälfte des Jahrhunderts die industrielle Konjunktur in Österreich. Die aus England importierten mechanischen Webstühle und Spinnmaschinen brachten durch Rationalisierung eine ungeheure Verbilligung gegenüber der altgeübten Handweberei, und mit ihrer kommerziellen Beobachtungsgabe, ihrem internationalen Überblick waren es die jüdische Kaufleute, die ... mit meist geringem Kapital jene rasch improvisierten, zunächst nur mit Wasserkraft betriebenen Fabriken, die sich allmählich zur mächtigen, ganz Österreich und den Balkan beherrschenden böhmischen Textilindustrien [gründeten] ... mein Vater [ging] schon entschlossen hinüber in die neue Zeit, indem er in Nordböhmen in seinem dreiunddreißigsten Lebensjahre eine kleine Weberei begründete, die er dann im Laufe der Jahre langsam und vorsichtig zu einem stattlichen Unternehmen ausbaute.

Franz-Josefs-Bahnhof in Prag, 1901

Rechte Seite: »Huldigung« für Kaiser Franz Joseph, Prag 1901

die Juden, die für den Aufschwung Böhmens zur Industriegroßmacht sorgten. Und wenn auch Namen in Böhmen nichts über die Herkunft aussagten, so kann an der bunten Mischung aller drei Elemente – Deutsch-Böhmen, Tschechen und Juden – unter den führenden Unternehmern kein Zweifel bestehen: Brosche, Nowack, Huffsky, Schallowetz, Melichar, Tschinkel, Liebieg, Herzig, Ginzkey, Hardtmuth, Danek, Škoda, Bolzano, Bromovsky, Märky …

Von einer deutschen »Klassenherrschaft« konnte also kaum die Rede sein, wohl aber von einem fortschrittlich-liberalen Klima. Man erwartete sich in den Zirkeln der Neuen Klasse – und das mit Recht – von den Regierungen in Wien Lösungen auf der Basis der Forderungen Böhmens. Die Enttäuschungen, die sowohl die Bourgeoisie als auch der Hochadel und die einfachen Leute hinnehmen mussten, verschärfte daher das Klima in zunehmendem Maße.

Freilich konnte man kein staatspolitisches Patentrezept anbieten, wie die Probleme der zwei Sprach- und Nationalgruppen im Königreich zu bewältigen seien. Die Bevölkerung Böhmens, Mährens und Schlesiens verteilte sich ja zu 35 Prozent auf Deutschsprachige und zu 63 Prozent auf Tschechischsprachige.

Die Begriffe »Minderheit« und »Mehrheit« verloren überdies ihre Berechtigung, weil von Stadt zu Stadt, von Bezirk zu Bezirk die jeweiligen Anteile unterschiedlich waren.

Während man in den Kaffeehäusern Prags, in den Salons auf den Schlössern des Grund besitzenden Adels und in den Wirtshäusern der Dörfer, der teilweise analphabetischen Bauern je nach Standort argumentierte, wie man denn die verzwickten Zweisprachigkeits-Probleme lösen könnte, rüsteten die nationalistischen Gruppen auf beiden Seiten fleißig auf. Die nach der Gründung des Deutschen Kaiserreichs 1871 euphorisch gewordenen Deutsch-Nationalen, Völkischen und Radikalen schielten immer offener und unverschämter über die nahe Grenze – aufgehetzt von dem seit 1873 im Wiener Parlament sitzenden Georg Schönerer aus dem (Böhmen nahen) Waldviertel. Der blanke Hass auf die römische Kirche, auf

STEFAN ZWEIG

Die Welt von Gestern

Man bekämpfte sich im alten Österreich chevaleresk, man beschimpfte sich zwar in den Zeitungen, im Parlament, aber dann saßen nach ihren ciceronianischen Tiraden dieselben Abgeordneten freundschaftlich beisammen beim Bier oder Kaffee und duzten einander; selbst als Lueger als Führer der antisemitischen Partei Bürgermeister der Stadt wurde, änderte sich im privaten Verkehr nicht das mindeste, und ich persönlich muß bekennen, weder in der Schule, noch auf der Universität, noch in der Literatur jemals die geringste Hemmung oder Mißachtung als Jude erfahren zu haben.

HOLD · UMĚN

Slawen und Juden kannte keine Grenzen, man suchte den Streit um jeden Preis – und das deshalb, weil man den Untergang der Habsburgermonarchie herbeisehnte. Eine ganze Generation von deutschen Lehrern, Akademikern und Gebildeten beging – ausgehend von den Universtäten – Hochverrat an ihrer Heimat und beschimpfte eine multinationale Form des Zusammenlebens, die Mitteleuropa jahrhundertelang geformt hatte. Geradezu verzweifelt lesen sich heute die pro-österreichischen und pro-habsburgischen Bekenntnisse von Tschechen bis zum Jahr 1914, die fürchteten, zwischen den übermächtigen Staaten Deutschland und Russland, zerdrückt zu werden. Einer der bedeutendsten Liberalen und Revolutionäre des Jahres 1848, Adolf Fischhof, bestätigte noch 1869: »Kein Volk in Österreich hat ein stärkeres österreichisches Bewusstsein als die Tschechen, denn nur in diesem Staate sind sie ein nicht unwichtiger Faktor des öffentlichen Lebens. Der Untergang Österreichs wäre identisch mit dem ihrigen. In Deutschland gingen sie mit der Zeit vollkommen unter, wie alle Slawen, die auf deutschem Gebiete wohnten, in Russland rettete sie wohl ihre Rasse, aber nur auf Kosten ihrer Stammeseigenheit.«
Die Befürchtungen Palackýs waren also keineswegs passé. Die meisten Tschechen hielten es wie er: »Sobald ich meine Blicke über die Grenzen Böhmens erhebe, bin ich durch natürliche wie geschichtliche Gründe angewiesen, sie nach Wien zu richten und dort das Zentrum zu suchen, welches geeignet ist, meines Volkes Frieden, Freiheit und Recht zu sichern und zu schützen.« Der tschechische Bauernabgeordnete František Udržal ging noch weiter, als er im Reichsrat in Wien gegen die zerstörerischen Deutsch-Nationalen Front machte: »Wir möchten das österreichische Parlament vor dem totalen Untergang retten, wir möchten es aber für die Slawen Österreichs retten ... die Monarchie gehört von Rechts wegen uns.« Selbst die tschechischen Sozialdemokraten erklärten: »Es ist im Interesse der Völker Mitteleuropas und ihres Proletariats, alles zu unterstützen, das zur Aufrechterhaltung und Entwicklung einer vom Staat organisierten Großraumwirtschaft beiträgt – und dessen historische Verwirklichung ist Österreich-Ungarn.« Der spätere Gründer der unabhängigen Tschechoslowakischen Republik, Tomáš G. Masaryk, meinte immerhin noch 1909: »Wir können außerhalb Österreichs in unmittelbarer Nachbarschaft zum mächtigen Deutschen Reich, wo wir doch selbst Deutsche in unserem Land haben, nicht unabhängig sein.«
Noch zuvor hatte sich eine kaiserliche Regierung unter dem (aus irisch-katholischer Familie stammenden) Grafen Eduard Taaffe ganz besonders angestrengt und war fast am Ziel, eine »Versöhnung der Gegensätze« zu bewirken; der mährische Advokat Alois Pražák wurde eine Art Landmann-Minister im Kabinett. Es ging vor allem darum, die vom böhmischen Landtag geforderten Autonomie- und Sprachregeln durchzusetzen, etwa, dass bei Gerichten

Erzherzog Franz Ferdinand auf der Jagd, 1908

und Verwaltungsbehörden jene Sprache bis zur obersten Instanz angewendet werden sollte, in der die Sache anhängig gemacht wurde. Das setzte natürlich fast im ganzen Kronland Böhmen eine zweisprachige Beamtenschaft voraus, worin die Tschechen einen Vorteil sahen – waren doch die meisten ihrer Beamten sowieso bereits zweisprachig.

Nicht so bei den deutschen Beamten, Juristen und Lehrern – denn diese wollten vielfach nicht Tschechisch lernen, weil sie einerseits vor der Schwierigkeit des Slawischen zurückscheuten, andererseits die »Bediensteten«-Sprache hochmütig ablehnten.

Überall gingen die Wogen um die Taaffee'schen Gesetzentwürfe hoch. Als auch die Prager Universität auf Zweisprachigkeit umorganisiert werden sollte, kam es zum Eklat: Das Kabinett Taaffe in Wien wurde gesprengt und die Deutsch-Nationalen begannen, in Böhmen und Mähren durch Kultur- und Turnvereine Schutz-Truppen zu organisieren. Die Antwort auf tschechischer Seite war die 1862 gegründete *Sokol-Bewegung*, eine stark panslawistische Gemeinschaft, die kleinbürgerlich-demokratische Züge aufwies. Was der als »Turnvater« bezeichnete Berliner Gymnasiallehrer Friedrich Jahn in der ersten Hälfte des 19. Jahrhunderts in Deutschland begründet hatte, fand bei den Tschechen Nachahmung. Allerdings mit deutlich radikalerer nationalistischer Absicht. Körperertüchtigung nach Art der Antike hatte ja einen emanzipa-

torischen Charakter – es machte unabhängig von den sozialen Übeln der Zeit, von Alkoholismus und Apathie. Die *Sokoln* (Falken) trugen bunte Federn, die sich an altslawischen Trachten orientierten. Auch der romantische Aspekt des Historismus war nicht zu übersehen und die Bewegung zählte bald 120.000 Mitglieder.
Zu dieser Zeit, beginnend mit der Jahrhundertwende, waren im Kronland Böhmen, aber auch in Wien und anderen von Tschechen dicht bewohnten Regionen, Demonstrationen und Ausschreitungen an der Tagesordnung. Und immer waren es *historische* Anlässe, wie Denkmalenthüllungen für den einäugigen Hussitengeneral Zizka, Begräbnisse oder religiöse Gedenktage, die die Leidenschaften überkochen ließen. Zumeist reagierten die Behörden hilflos mit dem Ausnahmezustand mit Polizeieinsatz und Zeitungszensur (1808/09), der dann, wie etwa in Prag, wochenlang galt. Dabei hatte die Presse im Zuge der nationalen Auseinandersetzung auf beiden Seiten große Bedeutung erlangt. *Hlas národa* (Volksstimme), die *Národní politika* (National-Politik), später die Wochenzeitung *Čas* (Zeit) von Tomáš Masaryk gewannen entscheidenden Einfluss auf die tschechischen Massen.
Nicht viel anders war es bei den Deutsch-Böhmen. Die *Deutsche Volkszeitung* polemisierte tagtäglich für die nationalen Belange, gebremst höchstens durch das katholische *Nordböhmische Volksblatt* des Kaplans Ambros Opitz. Die Auseinandersetzung lief aber auch über die Schulvereine; denn Bildung war zur wichtigsten Waffe im Volkstumskrieg geworden. Den Tschechen bereitete es dabei immer Unbehagen, dass es zwar 63 Prozent Tschechen in Böhmen und Mähren gab, aber nur 56 Prozent der Kinder in Tschechisch unterrichtet wurden.
Mit der Erweiterung des Wahlrechtes in der österreichischen Reichshälfte der Monarchie wurde schließlich immer offenkundiger, dass nicht mehr nur Vereine oder Einzelpersonen erfolgreiche Träger wichtiger Ideen waren, sondern Parteien mit durchgehenden Organisationsstrukturen. Die kleinbürgerlichen »Jungtschechen« verdrängten die sich zum Honoratiorenprinzip bekennenden liberalen und klerikalen »Alttschechen«. Beide waren sich aber zunehmend einig, dass sie einen böhmischen Staat mit tschechischer Staatssprache im Rahmen einer föderativen Monarchie haben wollten; Franz Joseph müsste sich dann auch in Prag zum König krönen lassen – was seit 1848 mehrmals versprochen worden war – und die Grenzen des deutschen Einflusses sollten auch staatsrechtlich festgeschrieben werden. Das Beispiel des Ausgleiches mit Ungarn war für die »Jungtschechen« hauptsächliches Vorbild.
Schließlich kam es 1908 zu »Ausgleichsgesprächen« mit der Zentralregierung in Wien, die aber neuerlich scheiterten – diesmal an der tatsächlich fast unlösbaren Frage der Gerichtssprengel, die man in deutsche und tschechische »zerreißen« wollte. Je hilfloser sich dabei die diversen Regierungen in Wien zeigten und je mehr die

Deutsch-Böhmen am blühenden wilhelminischen Kaiserreich sowie Berlin Maß nahmen, desto eher fühlten sich die Tschechen zu Frankreich und Rußland hingezogen. Zwischen den Befürwortern einer »westlichen« demokratischen und einer »östlichen« panslawistischen Orientierung kam es zum Richtungsstreit, der noch lange dauern sollte. Die Tschechen Böhmens suchten jedenfalls Verbündete außerhalb der Grenzen der Monarchie – was für die Zukunft nur Schlimmes erahnen ließ.
Franz Joseph selbst konnte sich ein Bild von der Stimmung im Königreich machen, als er 1891 Prag und die dort abgehaltene große Leistungsschau – die »Landesausstellung« – besuchte. An der sich die Deutschen Böhmens demonstrativ nicht beteiligt hatten.
Auf der Fahrt nach Liberec/Reichenberg wurden gleich zwei Attentatsversuche auf den Kaiser unternommen.
Zwei Monate später mündete der Beschluss des Prager Stadtparlaments, deutsche Geschäfts- und Straßenschilder entfernen zu lassen, zu wüsten Demonstrationen der Prager Deutschen – allen voran der Burschenschafter der Prager Universität. Auf tschechischer Seite wiederum entstand der Geheimbund *Omladina*, dessen führende Mitglieder vor Gericht gestellt wurden, weil sie Sprengstoffattentate vorbereitet hatten. Polizei und Militär wurden eingesetzt, als Nepomuk- und Husfeiern zu wilden Straßenschlachten ausuferten – Prag wurde eine Stadt im permanenten Ausnahmezustand.
Immer häufiger griffen in die Auseinandersetzungen der Volksgruppen nicht nur Studenten und Kleinbürger ein, sondern auch

Hautevolee beim Pferderennen in Pardubice/Pardubitz, um 1900

Erster Mai in Prag, 1909

Arbeiter. War die 1878 gegründete Tschechische Sozialdemokratie ursprünglich internationalistisch und daher in engem Kontakt mit den anderen Arbeiterparteien der Monarchie gegründet worden, änderte sich dies unter dem Druck der eigenen Mitglieder.
Man ging auf Distanz zur österreichischen und zu der in Deutschböhmen tätigen sozialdemokratischen Bewegung und suchte Kontakt zu nichtdeutschen europäischen Parteien. An sich logisch: Man hatte den höchsten Industrialisierungsstandard der Habsburgermonarchie, die stärkste Parteiorganisation und ein beachtliches Intelligenzpotential – waren doch, allerdings nur in Böhmen, auch viele vom Marxismus faszinierte Juden in ein tschechisches »Zwischenlager« geschwenkt.
In diese von Stimmungen und Wirrungen aufgeladene Welt platzten die Pläne für die sogenannte Sprachverordnungen des Polen Kazimierz Badeni, der bald nach Taaffe von Franz Joseph mit der Bildung einer »Regierung der starken Hand« beauftragt worden war.

Badeni hob den Ausnahmezustand auf und brachte eine Wahlreform zuwege, die zwar noch immer nicht das allgemeine und gleiche Stimmrecht ermöglichte, aber immerhin über fünf Millionen Bürger demokratisch legitimierte. Und 1897 erließ Badeni für Böhmen und Mähren Verordnungen, denen zufolge im inneren und äußeren Dienstverkehr endlich beide Sprachen, Deutsch und Tschechisch, gleichgestellt wurden.

Das Ergebnis: Eine Staatskrise. In den böhmischen Städten mit großen deutschen Anteilen gingen hunderttausend Deutsche auf die Straße. Es folgten blutige Raufereien mit militanten Aktionen auf beiden Seiten. Selbst in Wien und Graz prügelten sich aus »Sympathie« Deutsch-Nationale mit Vertretern anderer Nationalitäten. Das *Grazer Tagblatt* der »Deutschen Volkspartei« sah Schreckliches herandämmern: »Dräuend und grinsend steigt die raubgierige russophile Fratze in das deutsche Heim. Hundert Jahre so fort und in der Ostmark Gauen ertönt kein deutscher Laut mehr ...«

Auch im Reichsrat spielten sich beschämende Szenen mit Handgreiflichkeiten ab, bis Kaiser Franz Joseph wieder die Nerven verlor, das Parlament schloss – und Badeni entließ. Der umstrittene Notverordnungsparagraph 14 trat in Kraft und neuerlich wurde der Ausnahmezustand über Böhmen verhängt. Schließlich zogen die Deutschen aus dem böhmischen Landtag aus und verhinderten so jedes weitere konstruktive Gespräch.

Das war ganz im Sinne der Berliner Politik. Während das Deutsche Reich nach außen hin alles unternahm, um das (angeblich) wackelige Wiener Regime zu stützen, hatte es in Wirklichkeit größtes Interesse daran, jeden Schritt zu einer Föderalisierung zu verhindern. »Es ist ganz klar, daß das gesamte Deutschtum in und außerhalb Österreichs verpflichtet ist, nicht nur einem föderalistischen Staatsstreich, sondern schon der entferntesten Annahme einer föderalistischen Politik entgegenzutreten«, so der deutsche Gesandte Carl Maria Fürst Lichnowsky in einem geheimen Bericht an Berlin.

Eine tiefe Enttäuschung machte sich bei den Tschechen breit. Die »Jungtschechen« verwarfen einen Vermittlungsvorschlag des neuen Kabinetts unter Franz Anton Thun-Hohenstein, der daraufhin gleichfalls demissionierte. Als die Badenischen Verordnungen schließlich ganz zurückgenommen wurden, war der Bruch (fast) perfekt. Auch jene Menschen in Böhmen, die bisher noch eine einigermaßen neutrale Haltung im Nationalitätenkonflikt eingenommen hatten, wurden zu einer Entscheidung gezwungen. Während der niedere katholische Klerus zu den Tschechen überschwenkte und antipapistische Polemiken der Deutsch-Völkischen anfachte, bekannten sich viele Juden zur deutschen Sache, was zu antisemitischen Ausschreitungen führte.

Dennoch gelang, während Böhmen fast schon im Chaos versank, im benachbarten Mähren ein wichtiger Durchbruch: Ministerpräsident Ernest von Koerber brachte die Geduld auf, in unendlich mühseligen und sich über Jahre hinziehenden Gesprächen, die deutsche Landtagsmehrheit in Mähren zu einem Kompromiss in der Amtssprachen-Frage zu bewegen sowie auch eine neue Schulorganisation durchzusetzen. Das Ergebnis war von den k. u. k. Beamten nur äußerst schwer zu verwirklichen, aber aus der Formel »Bevölkerungsrelation« und »Vorherrschende Sprache am Dienstort« wuchs etwas, was als »Mährischer Ausgleich« immerhin bis 1914 Bestand hatte. Ja, mehr noch: Nach dem mährischen Beispiel erfolgte ein »Ausgleich« auch mit der viersprachigen Bukowina und mit Galizien, der allerdings vom Ausbruch des Weltkrieges verhindert wurde.

Nur in Böhmen geschah auch weiterhin nichts. Protestdemonstrationen und Massenstreiks erreichten ihren Höhepunkt, sogar die Eisenbahnen wurden lahmgelegt. Man stritt sich um die Namen auf den Stationsschildern und um die Sprache auf den Eisenbahnfahrkarten. Der bald 80-jährige Kaiser versuchte durch persönliche Reisen die Gemüter zu beruhigen, erntete aber von beiden Seiten, Tschechen und Deutschnationalen, nur Spott und Hohn. Damals entstand der Spitzname *Prochazka* (Spaziergang) für Franz Joseph, weil die Zeitungen über den *prochazka* des Kaisers auf einer neuen Moldaubrücke die Schlagzeile »Na novem moste« (Auf der neuen Brücke) verwendeten. Johannes Urzidil berichtet in seinen Erinnerungen, dass die Menschen aus dem Spalier das Wortspiel ertönen ließen: »Hole na procházku« – was auf Deutsch soviel heißt wie: »Nehmt Stöcke, um Prochazka zu erschlagen«.

Je mehr Franz Joseph verspottet wurde, desto größer wurde die Sympathie für den Thronfolger Franz Ferdinand – zu Recht oder Unrecht. Franz Ferdinand hatte nämlich die böhmische Gräfin Sophie Chotek gegen den Willen des Kaisers und des Hofes geheiratet und sich wiederholt gegen die Magyaren in der Monarchie ausgesprochen. Auch unterhielt er Kontakte zu vielen tschechischen Persönlichkeiten, die ihn auch auf seinem Lieblingsschloss Konopiště südlich von Prag besuchten.

Als dann 1906 die Studie »Die Vereinigten Staaten von Großösterreich« des siebenbürgischen Rumänen und Abgeordneten Aurel Popovici erschien, vermutete man den Thronfolger dahinter: Popovici schlug einen Umbau der Donaumonarchie in fünfzehn autonome und national weitgehend geschlossene Staaten vor, was das Böhmen-Problem einigermaßen gelöst hätte. (Ein ähnliches Konzept wie Popovici verfaßte auch einer der führenden österreichischen Sozialdemokraten, der spätere Bundespräsident Karl Renner.) Die Öffentlichkeit nahm an, dass Popovicis Konzept Bauplan Franz Ferdinands nach seiner Thronbesteigung sein würde. Immerhin war mit der Einführung des Allgemeinen Wahlrechts eine neue Situation entstanden und Böhmen zur wirtschaftlich potentesten Großregion der Donaumonarchie aufgestiegen. Also

Enthüllung des Palacký-Denkmals, Prag 1911

ruhten die Hoffnungen in besonderem Maße auf dem Erzherzog, der sich überdies in dem permanent kriegsschwangeren Klima des ersten Jahrzehnts des 20. Jahrhunderts am nachhaltigsten für einen Frieden um (fast) jeden Preis ausgesprochen hatte. Mit Recht befürchtete Franz Ferdinand, dass die Völker der Monarchie – allen voran die Tschechen – nicht mit großem Enthusiasmus für die Dynastie Habsburg in einen Krieg ziehen würden.

Doch das Attentat von Sarajewo in Bosnien am 28. Juni 1914 warf alle Spekulationen über den Haufen. Die offenen Probleme der Donaumonarchie waren nicht in Böhmen, sondern in einem anderen Winkel akut geworden.

Bereits ein Monat später zogen auch die tschechischen und mährischen Rekruten und Reservisten ins Feld, die meisten durchaus mit der Bereitschaft zur Pflichterfüllung für »Gott, Kaiser und Vaterland«. Und das nicht nur für den als nationalen Protektor empfundenen Böhmen Franz Ferdinand, sondern auch für *Prochazka* Franz Joseph, den die meisten zwar als Inkarnation der Schwäche und Unfähigkeit ansahen, aber dennoch als natürliche Autorität achteten.

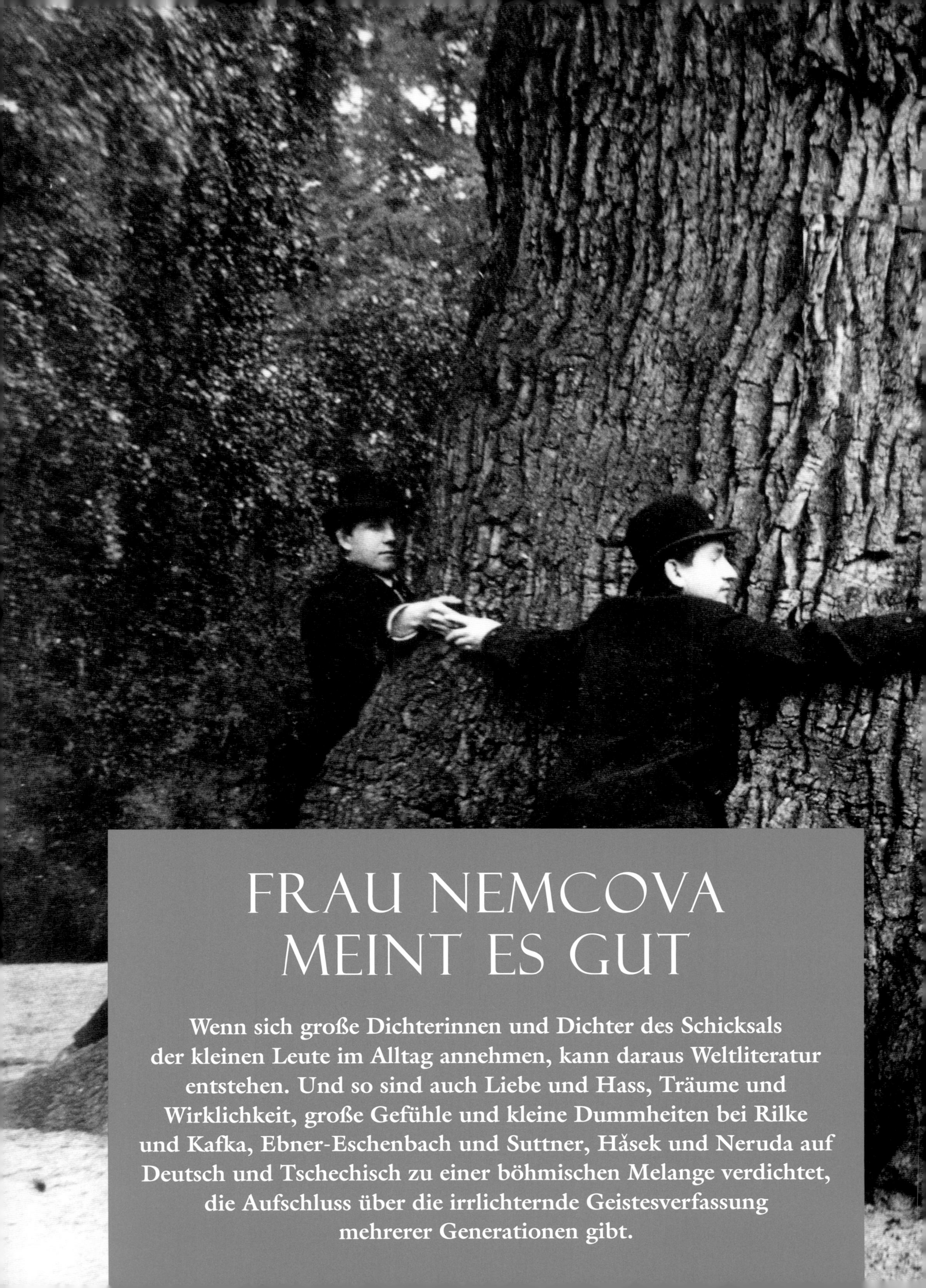

FRAU NEMCOVA MEINT ES GUT

Wenn sich große Dichterinnen und Dichter des Schicksals der kleinen Leute im Alltag annehmen, kann daraus Weltliteratur entstehen. Und so sind auch Liebe und Hass, Träume und Wirklichkeit, große Gefühle und kleine Dummheiten bei Rilke und Kafka, Ebner-Eschenbach und Suttner, Håsek und Neruda auf Deutsch und Tschechisch zu einer böhmischen Melange verdichtet, die Aufschluss über die irrlichternde Geistesverfassung mehrerer Generationen gibt.

Nichts spiegelt die Wirklichkeit des Lebens so verlässlich wider wie die Photographie; und nichts öffnet der Phantasie so sehr den Himmel wie die Literatur. Erstere bildet den Vordergrund, letztere den Hintergrund. Zusammen können sie in gewissem Sinne Dokument sein – mehr, als es den professionellen Historikern recht sein mag.

Der Triestiner Literaturpapst Claudio Magris hat über Generationen hinweg die literarische Welt zwischen Prag und Brünn, Wien und Triest, Budapest und Krakau zur Gemeinschaft des »Habsburgischen Mythos« deklariert. Seine Chiffre steht für ein »Weltmodell« des Untergangs, für den »Totentanz« um das Goldene Kalb des Nationalismus. Wobei Magris für die österreichische Literatur feststellt, dass sie jenen Literaturen des Donauraumes verwandter sei als der norddeutschen, »weil es sich mehr um eine musikalische Stimmung handelt als um eine organische Darstellung«.

Die mitteleuropäische Welt ist weit über alle Sprachbarrieren hinweg jedenfalls Weltkultur.

Und nirgendwo war vor und um 1900 der Stoff für die dichterische Bewältigung von Zeit, Raum und Gesellschaft ergiebiger als im »Dreieck«. Nirgendwo bildeten politische, religiöse, soziale Widersprüche sosehr den Vorwand für nationale Emotionen; und weil

Die Schriftstellerin Božena Němcová (1820–1862) mit Familie, um 1860

»gut« und »böse« ausschließlich auf die eigene und fremde Nationalität projiziert wurde, bildeten sie sogar eine Art »Ersatzreligion«. Das dichterische Wort wurde zum möglichen Fluchtweg; besonders freilich für jene, die das Unglück hatten, *zwischen* den Nationalitäten zu stehen.

Rechte Seite: Bierlokal in Litomyšl/Leitomischl, 1912

»Deutsche und Tschechen«, so schilderte Egon Erwin Kisch (1885–1948) die Realität Prags vor dem Ersten Weltkrieg, »pflegten miteinander keinen außergeschäftlichen Verkehr ... kein Deutscher erschien jemals im tschechischen Bürgerklub, kein Tscheche im Deutschen Casino. Selbst die Instrumentalkonzerte waren einsprachig, einsprachig die Schwimmanstalten, die Hinweistafeln in Parks und auf Spielplätzen, die meisten Restaurants, Kaffeehäuser und auch die Geschäfte. Korso der Tschechen war die Ferdinandstraße, Korso der Deutschen der Graben ...«. Ähnlich beschrieb der Sänger Leo Slezak die Situation in Brünn: »Es wurde ein ›Deutsches Haus‹ gebaut, riesengroß und prunkvoll, gegen das das ›Besedni dum‹, das tschechische Vereinshaus, winzig und traurig wirkte ... Gift und Galle wurde verspritzt, und einer sah in dem anderen – und das seiner Sprache wegen – einen Todfeind.«

So kam es auch in Wien zu einer Trennung nach »Volkszugehörigkeit«. Auf der einen Seite gab es die integrationswilligen Erfolgstypen, die von der Industrialisierung Böhmens profitierten und die man in der Hauptstadt benötigte, auf der anderen Seite wollten zehntausende Tschechen und Slowaken als Ziegelarbeiter, Hausmeister, Dienstmädchen und Köchinnen überleben.

Daneben wurde auch zwischen Juden und Nicht-Juden unterschieden. In Wien lebten um die Jahrhundertwende rund 150.000 überwiegend orthodoxe Juden, die in einigen Zentren (wie rund um den Nord- und Nordwestbahnhof im zweiten Bezirk, der »Mazzesinsel«) lebten. Sie waren durchwegs arme Leute, die aus Galizien, Böhmen oder Mähren mit ihrem Hab und Gut nach Wien gezogen waren, wo sie sich das tägliche Brot durch Handeln und Hausieren verdienten.

Die anderen, durchwegs Integrationswillig, waren dank der erweiterten liberalen Politikphase ab der Jahrhundertmitte zu mehr oder weniger Wohlstand gekommen. Und sie waren es auch, die eine unverwechselbare »habsburgische« Zivilisation begründeten – die Ringstraßenzeit. Jüdische Industrielle und Bankiers verhalfen der Residenzstadt zu einem unverwechselbaren architektonischen und künstlerischen Charakter und vermittelten auch eine spezifische Lebensform, deren Ausformungen sich in der Wiener Operette widerspiegeln.

Und in Böhmen?

Nun ist es eine Tatsache, dass das Jiddische ein deutscher Dialekt ist und sich schon aus diesem Grund die Juden Böhmens stärker zum Deutschtum als zu den Slawen hingezogen fühlten. Als Auf-

steiger, die sie stets waren, lernten sie sowohl in Prag wie in den anderen böhmisch-mährischen Städten dank ihrer Muttersprache schnell Deutsch, der Sprache des Adels, der Intellektuellen, der Beamtenschaft und des Militärs. Tschechisch hingegen war (und ist) hinsichtlich Grammatik und Syntax eine äußerst komplizierte Sprache.

Manchmal wurden Juden in Böhmen nun gar zu Über-Deutschen, die mit Spott auf die Tschechen herabsahen. Viele lebten in Prag zwischen Tschechen und Deutschen in einem mauerlosen Ghetto, aber von Einheit konnte keine Rede sein – waren sie doch aufgespalten in Orthodoxe und Zionisten, Assimilierte und Abgefallene – Produkte jenes »Orkus aus dem [Prager] Café Arco« – wie Karl Kraus über sie witzelte. Genau das macht es freilich bis heute auch äußerst schwer, den Prager Kosmos als künstlerisches Phänomen einzuordnen.

Tatsache ist jedenfalls, dass die Tschechen in den Werken deutsch-jüdischer Schriftsteller sehr oft Figuren aus der Unterschicht sind, Produkte des Untergrunds und des Verbrechens. Tschechinnen sind durchwegs Hebammen, Dienstmädchen, Prostituierte oder Geliebte von Deutschen, woraus allein schon eine scharfe Trennung zwischen tschechischen und jüdischen Intellektuellen herauszulesen ist. Andererseits ergab der tägliche Zwang einer gemeinsamen Lebenswelt doch ein eigenartiges Verwobensein. Der emanzipierte jüdische Philosoph aus Hořice, Fritz Mauthner, berichtet von der Wirklichkeit seiner Sprachwelt: Da war das Tschechische und das Deutsche; dann das Deutsch der böhmischen Provinz und das ›sterile‹ Hochdeutsch Prags; das ›Kuchelbemisch‹ als Kauder-

FRANZ KAFKA (1883–1924)

Briefe an Milena

»Liebe Frau Milena, ... tief rührend, mit welcher Treue Sie es getan haben, Sätzchen auf und ab, einer Treue, deren Möglichkeit und schöne natürliche Berechtigung, mit der Sie sie üben, ich in der tschechischen Sprachen nicht vermutet habe. So nahe deutsch und tschechisch? Gewiß verstehe ich tschechisch. Schon einmal wollte ich Sie fragen, warum Sie nicht einmal tschechisch schreiben. Nicht etwa deshalb, weil Sie das Deutsche nicht beherrschten. Sie beherrschen es meistens erstaunlich und wenn Sie es einmal nicht beherrschen, beugt es sich vor Ihnen freiwillig, das ist dann besonders schön; das wagt nämlich ein Deutscher von seiner Sprache gar nicht zu erhoffen, so persönlich wagt er nicht zu schreiben. Aber tschechisch wollte ich von Ihnen lesen, weil Sie ihm doch angehören, weil doch nur dort die ganze Milena ist (die Übersetzung bestätigt es), hier doch immerhin nur die aus Wien oder die auf Wien sich vorbereitende. Also tschechisch, bitte. Und auch die Feuilletons, von denen Sie schreiben. Mögen sie schäbig sein, Sie haben sich auch durch die Schäbigkeit der Geschichte durchgelesen, bis wohin? Ich weiß es nicht. Vielleicht kann ich das auch, sollte ich es aber nicht können, werde ich eben in dem allerbesten Vorurteil stecken bleiben.«

Maroniverkäufer in Prag, um 1900

welsch der einfachen Leute; und schließlich auch noch das ›Mauscheldeutsch‹ der Juden.
Was aber letztlich die Weltgeltung der Prager Literaturszene ausmacht, ist ihr Zusammenklang mit dem »Österreichischen«. Die Schriftstellerei spiegelte durchwegs Politik, Gesellschaft und Wirtschaft der langsam sterbenden Donaumonarchie wider. Heute werden viele deutschsprachige Autoren Böhmens von einer vergröbernden Germanistik der »deutschen« Szene zugerechnet.
Da ist etwa Adalbert Stifter, der Sohn eines Leinenwebers vom obersten Lauf der Moldau, dessen Einfluss auf die österreichische Literatur ungemein stark ist. Der Böhmerwälder war ja alles andere als ein biedermeierlicher Provinzgeist, als der er bis heute gelegentlich angesehen wird. Und niemand geringerer als Thomas Mann hat bezeugt: »Adalbert Stifter ist einer der merkwürdigsten, hintergründigsten, heimlich kühnsten und wunderlich packendsten Erzähler der Weltliteratur.« Kein Wunder, dass Rainer Maria Rilke und Franz Kafka den Autor des »Nachsommers« als ihren Lieblingsdichter bezeichneten. Böhmens Geschichte, auch die der Slawen, beschrieb Stifter in »Witiko« und gab Einblick in die Schre-

cken des wechselseitigen Nationalismus: »Sie üben Rache und ergötzen sich an Grausamkeiten der Rache, sie reißen Güter mit Gewalt an sich und genießen die Güter mit Übermut. Dann kommt ein anderer und rächt sich an ihnen und nimmt die Güter wieder. Und die nach ihnen kommen, üben wieder Rache und werden wieder gestürzt.«

Der hier aus christlichem Humanismus entspringende literarische Aufruf zur Versöhnung der Deutschen und Tschechen kommt aus der Einsicht, dass Nationalismus letztlich zur Bestialität führt – wie es auch Grillparzer oder Bertha von Suttner in ihrem politisch-literarischen Manifest »Die Waffen nieder« formulierte. Es sei angemerkt, dass die Nobelpreisträgerin des Jahres 1905 eine in Prag geborene Tochter des Feldmarschallleutnants Kinsky war.

Eine andere österreichische Schriftstellerin des 19. Jahrhunderts, die gleichfalls dem böhmischen Altadel entstammte und sich der tschechischen Unterschicht annahm, war Marie von Ebner-Eschenbach, geborene Gräfin Dubský und als solche zweisprachig aufgewachsen. Auch für sie, die gleich alt wie Kaiser Franz Joseph war und ebenfalls im Todesjahr des Kaisers verstarb, waren die Sprachen unnatürliche Schranken gegen die Nächstenliebe.

Ebner-Eschenbachs Bewunderer Franz Kafka war zwei Generationen später geboren worden und daher dem Gift des Nationalitätenhaders zwischen Deutschen, Tschechen und Juden in besonderem Ausmaß ausgesetzt. Aus dieser Spannung heraus entstand allerdings seine Literatur. Gut tschechisch sprechend, war er der Grundbefindlichkeit des österreichischen Grillparzertums ebenso nahe wie jener der jüdischen Mystik, die für Prag unverwechselbar wurde: »Ich bin wie ein Stein, wie mein eigenes Grabmal bin ich …«

Wie niemand sonst hat Kafka das Irrationale der Stadt an der Moldau beschrieben, hat in die engen Gassen des Ghettos hineingehört, die Gerüche bekundet und die Schatten gezählt, die die Menschen warfen. Seine Prosa ist die Aneinanderfügung von Bildern, wie sie die alten Völker in Märchen und Mythen festgehalten haben. Noch heute können zwischen Strahov und dem jüdischen Friedhof Bilder als Träume erlebt werden.

Es sind dabei nicht die großen Figuren der Geschichte, die Kafka porträtierte, es sind die kleinen Leute mit ihren alltäglichen Geschichten: Der Landvermesser K. im imaginären »Schloß«, der Bankbeamte K. im »Prozeß«. Dabei geht es immer um Schuld, Sühne und Strafe – also um die alten jüdisch-christlichen Probleme. Prag aber ist immer und überall gegenwärtig: »In uns leben noch immer die dunklen Winkel, geheimnisvollen Gänge, blinde Fenster, schmutzige Höfe, lärmenden Kneipen, verschlossene Gasthäuser«, schreibt er. Und: »Wir selbst sind nur ein Spuk vergangener Zeiten«. Aber dieses Gefühl nährt sich nicht nur aus einem Vorgefühl auf die Schrecken des nahenden Ersten Weltkrieges, sondern auch die prophetische Vision, was den jüdischen Kindern in diesem Land

Patriotisches Theaterspiel (»Andreas Hofer«) in Brünn, 1909

und dieser Stadt widerfahren wird. So schildert Kafka in seiner Erzählung »Ein altes Blatt«, wie ein barbarisches Kriegsvolk aus dem fernen Asien kommt und am Platz vor dem Schloss kampieren wird – bis zu den Details handelt es sich um den Platz vor dem Hradschin. In der »Strafkolonie« sagt Kafka auch die Tötngsautomatik von Hinrichtungsmaschinen voraus. Wie ein schwarzer Vogel – Kafka bedeutet Krähe – sitzt er selbst auf der Karlsbrücke und beobachtet die Menschen seiner Stadt: »Einer, der an der Quaderbrüstung steht und in das Abendwasser schaut, die Hand auf alten Steinen …«

War Kafka lebenslang mit Prag verwoben, ging Rainer Maria Rilke früh aus Böhmen fort. Hasste dieser Prager seine Vaterstadt?

Erst knapp vor seinem Tod nannte Rilke Böhmen seine »Heimat« und sich selbst einen slawischen Menschen – er, der unübertroffene Sonnengott der deutschen Lyrik. Tatsächlich liebte Rilke alles Russische in einer geradezu ausschweifenden Art und Weise, während er Deutschland mied, »in dem unsereins sich erst recht in der Fremde fühlt«. Dass Rilke gut tschechisch sprach, mit Prager Literaten diese Sprache benützte und auch, dass er deutsche Worte ins Tschechische übertrug, ist belegt. Das allerdings war »kulturelle Blutschande«, wie es in einem der Pamphlete gegen den *Poéte de Prague et d'Europe* aus der böhmischen Provinz hieß. Die »Zwei

Prager Geschichten« (1899) und »Die Letzten« (1901) verraten Rilkes Beziehungen zu beiden Kulturen. Sechs Jahre danach beschrieb er nach einem Besuch Prags seine Kinderstadt: »Mehr als je fühle ich heute die Gegenwart der Stadt als Unbegreifliches und Verwirrung. Sie müsste entweder mit meiner Kindheit verschwunden sein oder meine Kindheit müsste von ihr abgeflossen sein, später, sie zurücklassend, wirklich neben aller Wirklichkeit, zu sehen und anzusagen wie ein Cézann'sches Bild, unbegreiflich meinetwegen, aber begreifbar. So aber ist sie gespenstisch.«

Linke Seite und oben:
Militärmusiker in Liberec/Reichenberg, Kutná Hora/Kuttenberg, Plzeň/Pilsen, um 1880

Rilke hasste das barocke Böhmen, auch den Katholizismus, aus dem er ausgetreten und zum Protestantismus übergewechselt war. Er protestierte wohl auch lebenslang gegen seine bigotte Mutter, die mit der mythenvollen Stadt verschwamm. Und so waren die Prager Kirchen für Rilke schließlich Bauwerke, »welche Gott umklammern wie Flüchtlinge und ihn dann bejammern wie ein gefangenes wundes Tier«.

Heimatlos zwischen Gott und den Menschen pilgerte auch Franz Werfel, der 1890 in Prag geboren wurde: aus einer jüdisch-großbürgerlichen Familie stammend, war er zeitlebens ein Wanderer zwischen der Religion seiner Väter und dem Christentum – ein Prag-Suchender zwischen Altneu-Synagoge und dem Agnes-Kloster. Noch knapp vor dem Weltkrieg war Werfels Ruhm als *der* Prager Jungpoet gefestigt, obwohl er meinte, dass »für den Nichttschechen diese Stadt keine Wirklichkeit bot«, sondern einzig »ein lähmendes Ghetto«.

Seine »Troerinnen«, die er als Offizier eines k. u. k. Feldhaubitzenregiments schrieb, bildeten sogar das Schlüsselstück des Zeitgeistes. Und obwohl ein antiker Bezug besteht, ist alles ganz und gar österreichisch barock, aber magisch zugleich und musikalisch – eine Prager Vision.

Erst viel später schrieb Werfel »Das Reich Gottes in Böhmen«, ein packendes Drama der Hussiten-Problematik, Schlüssel zum Verständnis des böhmischen Konfliktes überhaupt. In seinem »Tod des Kleinbürgers« stellt er hingegen den kleinen Mann in den Mittelpunkt – einen Prager Portier, einer jener prunkvoll ausstaffierten *Türlsteher* vor Prags Palais', die zu den Kuriositäten der barocken Historie geworden waren. (Auch Rilke beschäftigt sich in den frühen »Prager Geschichten« mit einem dieser herrschaftlichen Portiere.)

Neben dem grandiosen Dreigestirn Kafka-Rilke-Werfel verblasst Prags und Böhmens literarischer Kosmos keineswegs. Auch bei vielen anderen ist immer wieder großartig der Mythos vom gemeinsamen Sterbehaus Österreich beschworen: Da ist Friedrich Adler, den Rilke als »reifes und überlegenes« Vorbild verehrte. Adler war es auch, der den tschechischen Lyriker Jaroslav Vrchlický über-

Jüdischer Händler, Soldat im Prager Judenviertel, 1916

FRANZ WERFEL (1890–1945)

Das Bleibende

Solang noch der Tatrawind leicht
Slowakische Blumen bestreicht,
Solang wirken Mädchen sie ein
In traulicher Buntstickerein.

Solang noch im Bayrischen Wald
Die Axt im Morgengraun hallt,
Solang noch der Einsame sitzt,
Der Gott und die Heiligen schnitzt …

Ihr Völker der Erde, mich rührt
Das Bleibende, das ihr vollführt.
Ich, ohne Volk, ohne Land,
Stütz' meine Stirn in die Hand.

setzte, der seinerseits Goethes »Faust« ins Tschechische übertragen hatte. Camille Hoffmann, 1878 in Kolin geboren, war gleichfalls ein Übersetzer tschechischer Lyrik, der zur Zeit des Ersten Weltkrieges das Leid seiner Landsleute – deutsche wie tschechische – großartig beschrieb. Gustav Meyrink muss wohl deshalb erwähnt werden, weil er zwar erst als 17-Jähriger nach Prag kam, dann aber infolge seines skandalumwitterten Lebenswandels zu einem echten Prager Original heranreifte. Seine groteske Erzählung vom tschechischen Stabstrompeter Wenzel Zavadil, die Meyrink gemeinsam mit seinem Roman »Der Golem« an den »Simplicissimus« geschickt hatte, fiel Ludwig Thoma auf. In »Der Golem« geht es um die sagenhafte Gestalt eines sprachlosen, künstlichen Menschen, die im 16. Jahrhundert vom Hohen Rabbi Löw in Prag erschaffen worden sein soll. Ein eigenwilliger Mystiker der Sprache war schließlich auch Leo Perutz, dessen Figuren in historisierenden Romanen voll von grotesker Phantasie sind. So ist Kaiser Rudolf II. mehrmals zum Hintergrund der Prager Un-Wirklichkeit geworden.
Zu den bizarrsten Erscheinungen des jüdischen Prag gehört wohl auch Hugo Salus, der 1866 in Böhmisch Leipa geboren wurde und den Rilke geradezu hymnisch verehrte. Die Lyrik von Salus ist impressionistisch bis neuromantisch – und deutsch-schwärmerisch. Das ging so weit, dass Salus die Tschechen als »spät erwachtes Mähervolk« denunzierte. Anlässlich einer Gemeinderatswahl in Prag dichtete er schüttelreimig: »Heute gibt es nur Deutsche! Wer nicht deutsch wählt, verdient die Peitsche!« Und sich selbst charakterisierte der Jude Salus so: »Ich bin tief im sichern Herzen deutsch als stünde mein Häuschen irgendwo am grünen Rhein.«

Ganz anders fühlte da Egon Erwin Kisch, der »Egonek«. Er raste zwischen Deutschen, Juden und Tschechen hin und her, mehr Journalist als Literat, mehr Reporter als Dichter. Seine angeblich wahren Geschichten »Aus Prager Gassen und Nächten« faszinieren auch heute durch die menschliche Buntheit, und sein »Soldat im Prager Korps« ist eine bizarre Ergänzung zu Hašeks »Schwejk«. Dabei hat der rote Kisch das einfache Volk, vor allem das tschechische, wohl am besten von allen Prager Literaten beschrieben, weshalb er auch zum literarischen Notar der Prager Welt vor 1918 wurde.
Die Illustrationen von Kischs Prager Alltags- und Schaubudengeschichten in den »Himmelfahrt der Galgentoni«, Enthüllungen über das Ende des Erzherzogs Rudolf in der »Wasserkatastrophe von Konopischt« oder über die Ermordung des buckligen Mrva durch die »Omladina«, sind gewissermaßen die Photographien der Jahrhundertwende. Vor allem aber war es die Geschichte des Spions Redl, dem Kisch auf die Spur gekommen sein wollte und die in die Weltliteratur einging. Von den tschechischen Autoren ragen der Urheber historischer Romane Alois Jiraásek, der Romancier Alois Mrštík, der Journalist Jarošlav Hašek und der Biograph der Wende von 1918 Karel Čapek heraus.
Überaus typisch für die intellektuelle Prager Szene war auch Max Brod, 1884 in Prag geboren. Voll von messianischem Pathos, hat er sich zuerst als Lyriker mit frühen expressionistischen Gedichten versucht. 1910 erschien das »Tagebuch in Versen« und 1917 das »Gelobte Land«. In seinen Dramen und Lustspiele beschäftigte er sich mit kakanischen Liebesaffären. 1916 publizierte er den großen Roman »Tycho Brahes Weg zu Gott«, der die böhmische Geschichte der großen Naturwissenschaftler beleuchtet und den eitlen selbstherrlichen Tycho Brahe (seine Grabplatte ist in der Prager Tynkirche zu finden) dem stillen, nüchternen Johannes Kepler gegenüberstellt. Max Brod war aber auch Förderer seiner tschechischen Landsleute, etwa von Jaroslav Hašek und Leoš Janáček, wobei er Opern des letzteren ins Deutsche übersetzte.
Max Brod reicht übrigens mit seinen Arbeiten bis in die neuere Zeit. Er ging nach Israel ins Exil – so wie Kisch nach Mexiko und Werfel in die USA.
Ein anderer Prager, Johannes Urzidil, schrieb sein Hauptwerk überhaupt erst nach der Auswanderung. Und es ist praktisch zur Gänze Böhmen gewidmet – der verlorenen Heimat. So ist »Goethe in Böhmen« eine eher wissenschaftliche Untersuchung über den deutschen Dichter, die Monographie über Wenceslaus Hollar hingegen eine lebendige Darstellung des Lebens des barocken Kupferstechers und Schüler Merians. In »Da geht Kafka« phantasiert Urzidil handfest über den dichtenden Mythos, den er als Gärtner in New York auftauchen lässt (Kafkas Flucht) – ganz so, als sei Kafka 1924 nicht im Klosterneuburger Sanatorium gestorben.

Bürgerwehr auf dem Hradschin, 1872

Zu dieser phantastischen Welt passt es, dass dem 1879 in Litoměrice/Leitmeritz geborene Alfred Kubin die illustrierte Umsetzung verschiedener Prager Dichtungen zu danken ist. Man muss den Graphiker und Maler der Dämonen und Nachtgesichtern wohl auch deshalb erwähnen, weil er, der ganz nach Österreich übersiedelte, mit Franz Kafka persönlich befreundet war. Ähnliches gilt auch für Egon Schiele, dessen Mutter aus Südböhmen stammte. Beschäftigen muss man sich mit dem wohl polemischesten Gegner der »Prager«, mit dem Wiener aus Jičín/Gitschin, Karl Kraus. Er war es, der die *Mischpoche* an der Moldau literarisch am boshaftesten verfolgte und dies noch unerbittlicher, nachdem er sich durch den Übertritt zum Katholizismus öffentlich von der Religion seiner Väter verabschiedet hatte. (Er trat 1918 freilich auch wieder aus der katholischen Kirche aus.) Aber das Prager *Gejüdel* war Kraus genau so unerträglich wie die Deutschtümelei und die verstiegene Lyrik der *Kaffeehaussemiten*.

> »Solchem Lebenswandel wehrt kein Veto,
> hin zu Goethen geht es aus dem Ghetto
> in der Zeiten Lauf,
> aus dem Orkus in das Café Arco,
> dorten, Freunde, legt der Nachruhm, stark o
> liegt er dort am jüngsten Tag auf.«
> *Karl Kraus*

Jagd in Südböhmen, um 1905

Folgende Doppelseite:
Kutsche des Prager Erzbischofs, um 1900

Nationaltheater in Prag, um 1890

Die Prager empfanden Kraus' Polemik als »Hetzjagd«, seine Satire als Hinterhältigkeit, die angemaßte Rolle eines »Großinquisitors«. Aber bis heute ist der Streit dieses zum Wiener gewordenen Mährers gegen Prag jedenfalls ein besonders amüsantes Kabinettstück im k. u. k. Familien-Panoptikum.

Mehr als sein Geburtsort Klagenfurt annehmen lässt, ist auch Robert Musil ein Zeuge des böhmisch-mährischen Mythos. Längst Teil der Weltliteratur, ist Musil nämlich ohne seinen Hintergrund im österreichischen Familienalbum nicht zu begreifen. Schon ein Jahr nach seiner Geburt im Jahr 1880 verließen Musils Eltern Klagenfurt, um nach Brünn und Wischau in Mähren und schließlich weiter nach Horschowitz bei Beraun zu gehen. Musils Vater war lange Zeit Ordinarius an der Technischen Hochschule in Brünn und sein Großvater Miterbauer der ersten Eisenbahn Linz-Budweis. So ist Robert Musils Kindheit und auch seine Studienzeit in Brünn überschattet vom Erleben der Nationalitätensituation – hatte er doch auch tschechische Vorfahren und Verwandte, so etwa einen bedeutenden tschechischen Orientalisten und geistlichen Professor an der Prager Universität. Und Musils literarisches Werk ist denn

Rechte Seite: Tänzerin in Brünn, um 1910

Folgende Doppelseite: Prager Schickeria im Nachtlokal, 1910

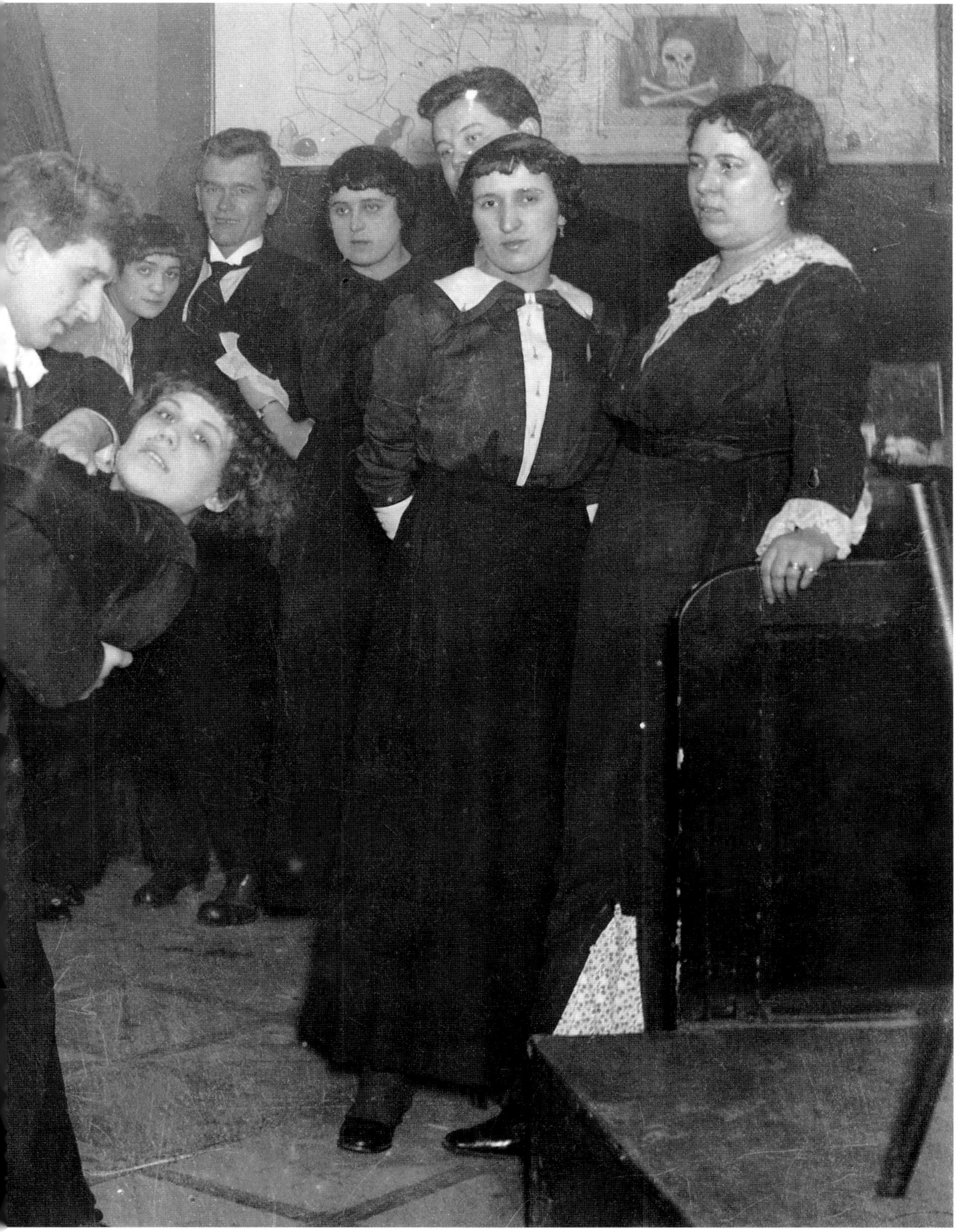

KILO.
1000.
1000.
1000.

auch – ganz anders als Kafkas – beeinflusst von Menschen seines technisch-wissenschaftlichen Milieus – zum Beispiel des Phänomenologen Edmund Husserl (geboren 1859 im Ghetto von Proßnitz in Mähren) und des Physikers Ernst Mach (geboren 1839 in Turas in Mähren). Musils »Mann ohne Eigenschaften« wurde schließlich zur zentralen Analyse des Österreichischen schlechthin, zur totalen Ironie über Kakaniens Untergang.

Linke Seite:
Spaßmacher im Fasching, Prag 1879

Daneben finden sich in Musils Erzählungen auch mehrere Darstellungen seiner slawischen Umwelt, so in »Tonka«, in »Drei Frauen« und im »Slowenischen Dorfbegräbnis«.

Man muss schließlich der Vollständigkeit halber auch auf einen der bedeutendsten österreichischen Lyriker verweisen: Georg Trakl. Seine morbide Untergangssprache entspricht nämlich durchaus der Prager Welt des Verwesenden. In Salzburg geboren, stammte er väterlicherseits aus Ungarn und seine Mutter war eine geborene Halik. Und damit wird klar, woher die sensible k. u. k. Mischung ihren Tiefgang erhielt: von der tschechischen Familienseite. Denn die Haliks waren Bürger von Prag gewesen.

Trakl glich denn auch stark seiner Mutter und seine Schwermut entspricht eher dem slawischen Gemüt, das Böhmens Literatur durchzieht, ob sie tschechisch oder deutsch war. Trakl verübte 1914 Selbstmord durch Vergiften, mitten im Kriegsgeschehen der blutigen Schlachten in Galizien. Auch Adalbert Stifter verübte Selbstmord; Kafka sehnte, schwer lungenkrank, in Niederösterreich den Tod herbei – als »Bestandteil des süßen Lebens«. Rilke bereitete sich nach 1914 in der Schweiz auf seinen Tod vor, überraschen konnte ihn dieser nicht. Und mehrere Prager Literaten gingen aufrecht und wissend in den Tod, den ihnen die Nationalsozialisten in den Konzentrationslagern bereiteten – gerade ihnen, die die Vertreter deutscher Lebensformen in einer slawischen Welt gewesen waren …

30/8.

»KUCHLMADL« UND »ZIEGELBEM«

Die Millionenstadt Wien war um das Jahr 1900 zur größten tschechischen Stadt Europas gewachsen und ein Beispiel für eine bemerkenswert gelungene Assimilation. Die Großmütter und Großväter mussten damals aber unendliches Arbeitsleid und Demütigungen auf sich nehmen, um den sozialen Aufstieg zu bewältigen. Ihre Enkel sind heute beste Österreicher.

Im Wiener Telefonbuch finden sich vierzehn Spalten mit über tausend Dvoraks, Dworschaks, Dvoraceks, auf rund fünfzehn Spalten drängen sich über eintausend Novaks, Nowaks und Novaceks, Svobodas, Swobodas und Svobodniks. Prohaskas, Ruzikas, Krejcis, Czechs und Czernys sind allerbeste Wiener Mischungen und haben auch längst ihre Hatscheks und Accents auf den Namen verloren. Es gibt übrigens auch über hundert Havels und viele mit dem schönen deutschen Namen Klaus (auch der österreichische Bundeskanzler der Jahre 1964 bis 1970 hieß so).

In den österreichischen Bundesregierungen nach 1945 finden sich etwa genau so viele Träger tschechischer Namen wie es Träger deutscher Namen in den tschechischen und slowakischen Regierungen gab und gibt. Auch Ärzte, Wissenschaftler, Diplomaten und Journalisten mit tschechischen Namen sind in Österreichs Zweiter Republik geradezu »typisch« geworden. Längst integriert und wohlhabend, sind sie selbst kaum noch des Tschechischen mächtig. Und die meisten haben auch die Kontakte zu etwaigen Verwandten in der heutigen Republik der Tschechen und Slowaken verloren. Dennoch sind sie unbestritten Nachfahren jener Altösterreicher aus den Kronländern Böhmen und Mähren sowie Nordungarn (der heutigen Slowakei), die in der zweiten Hälfte des 19. Jahrhunderts und dann nochmals bis 1914 nach Niederösterreich und Wien eingewandert sind.

Die Ursachen der Umsiedlung so vieler Großeltern aus Böhmen und Mähren in den »Süden« waren unterschiedlich: Erstens konnten die Bauernwirtschaften nirgendwo in Europa die im 19. Jahrhundert lawinenartig anwachsende Zahl der Kinder ernähren. Die Folge war überall rapide Landflucht. Die Einwohnerzahlen Europas zwischen 1840 und 1914 stiegen von ca. 180 auf 460 Millionen Menschen an.

Ein weiterer Grund für die Umsiedlung war, dass Böhmen in der Mitte des 19. Jahrhunderts bereits eine beachtliche Industrie besaß und die nach dem Börsenkrach von 1873 einsetzende Wirtschaftskrise spürbarer als anderswo war.

Außerdem war Wien, die glanzvolle Kaiserstadt und bevölkerungsstärkste Metropole der Donaumonarchie, nach dem Bau der großen Eisenbahnlinien für viele Bewohner Böhmens, Mährens und der Westslowakei leicht erreichbar geworden. Städte wie Brünn, Znaim und Preßburg liegen ja näher bei Wien als bei Prag.

So wurde Wien, trotz aller mit der Industrialisierung einhergehenden sozialen Unrast, zur »gelobten Stadt«, und dies selbst dann noch, als der tschechische Nationalismus Feindbilder aufbaute.

Was der Zuzug für die Reichshaupt- und Residenzstadt bedeutete, zeigen die Wachstumsziffern: Zwischen 1860 und 1880 wuchs Wien um 36 Prozent und zwischen 1880 und 1900 sogar um 131 Prozent.

Kein Wunder also, dass Fremdenangst und Fremdenhass bei den

Einheimischen von Jahr zu Jahr wuchsen. Deutschnationale Agitatoren prophezeiten angesichts des böhmischen Zuzugs für das 20. Jahrhundert ein »Slawisches Wien«. Sie verbanden dies gleich auch mit dem alldeutschen Kulturdünkel und einem lächerlich anmutenden Germanismus in der vielschichtigen und vielgesichtigen Donaumetropole. Jedenfalls bekannten sich lediglich 6,1 Prozent der Wiener (Gesamtbevölkerung rund 1,7 Millionen) zum Tschechischen als »Umgangssprache«. Dahinter verbarg sich natürlich eine hohe Dunkelziffer, da mehrere Faktoren eine Rolle spielten: So das Sprachprestige, Identifikationsprobleme der »Unterschicht«, Hoffnung auf Assimilation, mangelnde Vertraulichkeit beim Listenausfüllen, Unklarheiten hinsichtlich des Verhältnisses von »National-« und »Sprach-Begriff«.

So waren sich auch die amtlichen Befrager und Statistiker schon damals einig, dass der sich ausdrücklich als »Tschechen« legitimierende Prozentsatz nur das Minimum dessen darstellte, was wirklich von den Wiener als »Böhmen« – oder mundartlich als »Bem« – bezeichnet wurde. Von den tschechischen Prager Nationalisten wurde jedenfalls die »Fünfte Kolonne« im fernen Wien auf 400.000 bis 600.000 geschätzt, ohne dass die Neu-Wiener auch gefragt wurden, ob ihnen die grobschlächtige Zuordnung noch passte. Dazu kommt, dass der Begriff »Böhmen« durchaus das Zweisprachige des alten Kronlandes verkörperte und »Tscheche« keineswegs ein allgemein üblicher Terminus war. Eine 1904 ergangene Reichsgerichts-Erkenntnis half auch nicht weiter, die den Begriff »Volkstum« infolge als »Gemeinsamkeit der äußeren Lebensbedingungen« und einer »gemeinsamen Kultur und gemeinsamen geschichtlichen Schicksalen« definierte.

Das Einfachste war wohl, jenes mit möglichen Unannehmlichkeiten verbundene Dilemma bei der Volkszählung dadurch zu vermeiden, dass man als Umgangssprache einfach »Deutsch« in die entsprechende Rubik schrieb.

Was war aber letztlich der Grund, dass die böhmische Schneiderin aus Mariahilf oder der mährische Bauarbeiter in Ottakring *nicht* zurückwanderten – wo doch die Zustände im »guten alten Wien« für die Unterschicht unbestritten katastrophal waren? Oder warum – um ein exaktes Fallbeispiel zu bemühen – wanderte der jüdischer Tuchhändler Jakob Freud aus dem galizischen Dorf Tyśmienica 1844 zuerst nach Mähren aus, lebte dort ein paar Jahre, um nach der Geburt seinen Sohnes Sigmund trotz der Schwierigkeiten ganz nach Wien zu übersiedeln? Und warum dachte dieser bald weltberühmte Sohn, außer an seinem Lebensende, nie an Emigration, obwohl Antisemitismus und Antislawismus in der Haupt- und Residenzstadt Wien zunahmen?

Dazu kam, dass Klischeebilder, die vor allem durch die populäre Operettenkultur geschaffen wurden, die Kaiserstadt schlechthin als gemütliches Eldorado erscheinen ließ, wo man »net untergehen«

Böhmische Namen und ihre sinngemäße Bedeutung

Blecha	Floh
Broukal	Käfer
Cap	Storch
Cerny	Schwarz
Cervenka	Rotkehlchen
Hrachovina	Erbsenschote
Hrdlicka	Lachtaube
Jelinek	Hirschkalb
Koren	Wurzel
Korinek	Wurzel
Kostelka	Mesner
Kreyci	Schneider
Kukacka	Kuckuck
Lacina	Der Billige
Laska	Liebe
Morak	Truthahn
Mucha	Fliege
Navratil	Heimkehrer
Nemec	Deutscher
Novacek	Neuling
Papousek	Papagei
Pohanka	Buchweizen
Prikopa	Grabner
Resetarits	Siebmacher
Sedlacek	Bauer
Sekanina	Faschiertes
Sekyra	Beil
Skala	Felsen
Smolar	Pechvogel
Sochor	Brecheisen
Sokol	Falke
Swoboda	Freiheit
Sykora	Meise
Twaroch	Topfen
Vesely	Freude
Vitasek	Auszug
Vranitzky	Krähe
Wrabetz	Spatz

Linke Seite:
Bau der Wienflussregulierung durch tschechische Arbeiter, Stadtpark in Wien, 1906

Tschechische Pflasterer auf der Wiener Ringstrasse, 1913

konnte, die »Madln« und der »Wein« über alles hinwegtrösten würde und man mit ein bisschen Walzer glückselig werden konnte. Träume vom Aufstieg zum vermögenden Kavalier oder zur »gnädigen Frau« ließen die Herzen vieler Armseliger höherschlagen, die mit einem Sack am Wiener Nord-, Nordwest- oder Franz-Josefs-Bahnhof angekommen waren. Und tatsächlich: Im Prater in der Leopoldstadt, im »Böhmischen Prater« in Favoriten oder rund um

Umgangssprachen in Böhmen und Mähren (in %)

	1880	*1910*
in Böhmen		
Deutsche	37,1 %	36,4 %
Tschechen	62,7 %	63,1 %
Sonstige	0,2 %	0,5 %
in Mähren		
Deutsche	29,3 %	27,6 %
Tschechen	70,4 %	71,7 %
Sonstige	0,3 %	0,7 %

Rechte Seite: Junge Tschechinnen als Hilfskräfte im Bergbau, um 1890

Wiener Witzwort, um 1900

Es gibt nur a Kaiserstadt.
Es gibt nur a Wien –
Die Wiener san draussen
Die Bem, die san drin!

den Kahlenberg erlebten die meisten ein kleines Stück vom Glück, in dem das Heimweh während einiger Stunden Zweisamkeit weniger schmerzte. In vielen Fällen hatte Wien neun Monate später einen echten Neubürger, der sich oft kaum noch in der Sprache seiner Eltern verständigen konnte.

Die Zuwanderer vor 1914 waren junge Leute: rund ein Drittel war zwischen zwanzig und dreißig Jahre alt. Die meisten fanden zuerst Unterschlupf bei Verwandten oder Schicksalsgenossen; mehr schlecht und schäbig als recht und gerecht.

Nach und nach wurden die Wiener Bezirke Favoriten, Simmering, Brigittenau, Ottakring und Hernals zu tschechischen Hochburgen und zugleich zum Synonym für menschliche Not.

In den Massenquartieren fehlte es an einfachster Hygiene, viele konnten sich ärztliche Hilfe nicht leisten, die Lebenserwartung lag bei 35 Jahren und gewerbsmäßige Abtreiberinnen setzten schwangere Frauen unter Druck. Neben unzähligen Untermietern gab es auf kleinstem Raum die Institution der »Bettgeher«. Das waren Männer und Frauen, die lediglich eine Schlafstatt mieten konnten,

Arbeiter beim Bau der Wiener Hochquellwasserleitung, 1909

wobei der Preis – rund zwei Kronen – etwa dem halben Monatslohn eines Dienstmädchens entsprach. Im Durchschnitt war in den Jahren 1900 bis 1910 jeder neunte Wiener »Bem« in dieser alleruntersten sozialen Kategorie zu finden.
Eindringlich schildert der katholische Wiener Publizist und spätere christlichsoziale Politiker Friedrich Funder seine Erlebnisse mit diesen Wohnzuständen. Als junger Journalist zog bei einem böhmischen Handwerker in der Neustiftgasse im VII. Bezirk als Untermieter ein: »Schon im ersten Stock empfing mich der Geruch einer unmöglichen Abortanlage; im zweiten Stock musste ich das Taschentuch vornehmen, im 3. Stock trachten, eilends an mein Ziel zu kommen. Denn hier war die Pestilenz. Mein Schuster hatte ein Weib, zwei Kinder und einen Untermieter; diese sechs Personen verteilten sich auf das einfenstrige, kleine Zimmer, das 18 Quadratmeter hatte sowie eine Luft und Licht abschließende Küche. Es roch nach Sauerkraut, Schuhleder und Windeln, der Familienvater hüstelte ständig, seine Kinder sahen bleich aus …«
Ein Teil der Tschechen fand auch im Klein-Handwerk Wiens Beschäftigung. Die unzähligen Kleingewerbe- und Dienstleistungsbetriebe waren das infrastrukturelle Rückgrat der wachsenden Stadtwirtschaft. Dass für die Arbeitnehmer von geregelter Dienstzeit keine Rede sein konnte und keine Arbeitsordnungen

Slowakische Erntehelfer in Niederösterreich, um 1900

Arbeiter in der Westslowakei, um 1900

eingehalten werden mussten, erklärt sich dabei nicht zuletzt aus dem Überangebot an neu ankommenden und vielfach ungelernten Zuwanderern. Taglöhnerei war an der Tagesordnung.

Die *Arbeiter-Zeitung* der frühen Jahrgänge ist voll von Sozialreportagen, in denen das Los der armen Teufel geschildert wird, die sich bis in die Nacht hinein anstellen mussten, um etwa für einen Tag bei den Kohlenrutschen des Nordbahnhofes Arbeit zu finden. 1904 schilderte Max Winter das Schicksal des tschechischen Arbeiters Watzlawik, der mit einem Kollegen für den Kohlebaron Kraßny arbeitete: »Der Geschäftsführer hat berechnet, dass zur Ladung eines Wagens mit 4000 bis 4500 Kilogramm zwei Mann eine halbe Stunde brauchen dürfen. Das heißt, die beiden Sklaven müssen in jeder Minute 133 bis 150 Kilogramm Kohle auf den Wagen werfen – oder 13 bis 15 Schaufeln voll, wenn sie nur 10 Kilo auf jede Schaufel bringen …«

Brauereiarbeiter in Oberösterreich, 1898

Viele Neuankömmlinge fanden traditionellerweise bei den Ziegeleien in Favoriten Arbeit. Der Ausdruck »Ziegelbem« ist bis heute Teil des Wiener Idioms und kennzeichnet den besonders deklassierten Fremdarbeiter. In mehreren Etagen wurde der Südabhang des Laaer-Berges ursprünglich händisch, nach der Jahrhundertwende bereits mit primitiven Baggermaschinen abgebaut. Weiter südlich hatte man in zum Teil riesigen Erdlöchern Ton- und Lehmschichten für Mauer- und Dachziegel freigelegt, in die Grundwasser einsickerte und später Teiche bildete, die bis kurzem rechts und links der Südautobahn zu sehen waren. Der abgetragene schwere und feuchte Lehm wurde von Männern und Fraue in Modeln gepresst, glattgestrichen, zur Lufttrocknung in offenen Hütten aufgeschichtet und nach wenigen Tagen im Ofen gebrannt. Ein Ziegelarbeiter schlug mit seiner Frau in der Stunde etwa 120 Ziegel, später besorgte ein automatischer Tonschneider etwa 4000 bis

Holzsammler im Wienerwald, 1918

5000 Ziegel. Die Arbeit am Ofen wurde bei einer Arbeitstemperatur von 45 Grad erbracht. Problematisch war aber die Tätigkeit vor allem für jene, die Ziegel in Scheibtruhen wegkarrten und damit dem ständigen Temperaturwechsel ausgesetzt waren – im Winter konnte der Temperaturunterschied bis zu 50 Grad betragen. Hingegen bildeten die sogenannten Ringöfen ein Notquartier für Obdachlose, die »Ringspatzen« genannt wurden, weil sie im Winter entlang der Öfen und auf den Gebäuden schliefen.

Es war lange Zeit ausschließlich der sozialdemokratische Armenarzt Victor Adler, der sich auf Streifzügen rund um den Laaerberg der armen Leute annahm. Adler, in Prags großbürgerlich-jüdischem Milieu aufgewachsen und zuerst traditionell deutschnational gesinnt, stellte in seiner 1886 gegründeten Zeitschrift *Gleichheit* die sozialen Zustände der Zeit am Beispiel der tschechischen Ziegelsklaven insgesamt dar. Nach dem Ausnahmezustand von 1884 war in Österreich die bis dahin organisierte Arbeiterbewegung fast völlig zerschlagen worden. Es war Adlers Verdienst, im niederösterreichischen Hainfeld eine Einigung der zerstrittenen Austromarxisten bewirkt zu haben. Durch seinen Einsatz für die »Bem« war er zur unumstrittenen – und auch moralisch legitimierten –

Führerfigur geworden. Ihm und dem Wiener Arbeiterführer Franz Schuhmeier ist schließlich auch die Eingliederung der Wiener Tschechen in die sozialdemokratische Bewegung zu verdanken. Dieser Prozess wurde durch den emanzipatorischen Kampf der frühen Sozialdemokratie für die Arbeiterinnen noch verstärkt. Zehntausende junge Tschechinnen waren als Köchinnen, Dienst- und Kindermädchen am Arbeitsplatz nicht nur besonders erpressbar, sondern auch sexuellen Belästigungen ausgesetzt.
1880 fassten über 92 Prozent der jungen Tschechinnen in Wien als Dienstboten, in der als unterste Stufe der Arbeits-Hierarchie geltenden Kategorie, Fuß. 1892 gab es überdies 30.000 stellenlose Dienstboten, die den Lohn entsprechend drückten. Stubenmädchen kamen auf 10 bis 24 Kronen, Köchinnen auf 16 bis 40 Kronen. Wobei Letztere ein kulturgeschichtliches Phänomen bewirkten – die Verquickung der Wiener mit der böhmischen Küche, die zu einer Einheit verschmolz und sich einen Spitzenplatz in der kulinarischen Landschaft Europas eroberte.
Nun kann es bei alledem nicht verwundern, dass die Wiener Sozialdemokratie zur politischen, geistigen, kulturellen und sozialen Heimat der Wiener Tschechen geworden war. Systematisch büßte die katholische Kirche ihre führende Stellung bei den heimatlos gewordenen Einwanderern ein und nur noch eine kleine Minderheit tendierte zu den Christlichsozialen. Denn die zur führenden

Tschechinnen als »Zugpferde« einer Radsänfte, um 1905

Mechaniker in der Daimler-Motorenfabrik Wr. Neustadt, 1907

Wiener Rathauspartei aufgestiegene Bewegung von Karl Lueger verdarb sich spätestens ab der Jahrhundertwende durch die antitschechische Haltung die Sympathien der Neusiedler. Hatten schon Wiens Liberale und Deutschnationale eine kindische Kampagne gegen die Errichtung von tschechischen Schulen – vor allem der Komensky-Pflichtschule – geführt, sah sich Lueger nun als Garant dafür, »Wien als deutsche Stadt zu erhalten«. Und allen Ernstes forderten christlichsoziale Abgeordnete die Entlassung all jener aus im Dienste der Stadt Wien stehenden, die nicht »ordentlich deutsch« könnten. Neubewerber sollten sich ausdrücklich zur »deutschen Nationalität« bekennen.

1899 forderte der deutschnationale Gemeinderat Friedrich Förster, Pachtverträge für Gasthäuser in Wien nur dann zu vergeben, wenn der Wirt die ausschließliche Anstellung »deutschen« Personals sichere und sich verpflichte, die Räumlichkeiten keinesfalls für »undeutsche« Veranstaltungen und Feste zu vermieten. Und je heftiger in der ganzen Monarchie die nationalistischen Auseinandersetzungen (vor allem rund um die Auseinandersetzung um das Allgemeine Wahlrecht) ausgetragen wurden, desto grotesker wur-

Rechte Seite: Näherinnen in Wien, um 1900

Kindergarten in Wien, 1909

1909
Kindergarten

Schneiderinnen in Wien, um 1900

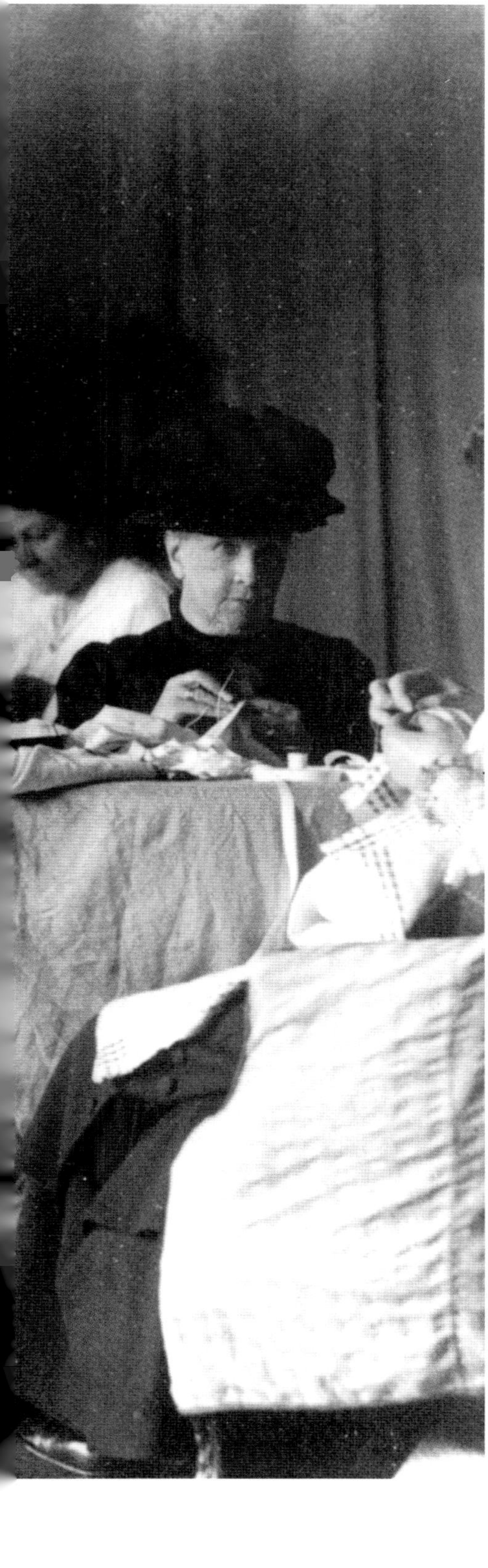

Oben: Tschechische Frauen bei der Massenfertigung von Backwaren, Wien um 1900
Unten: Restaurantküche unter männlicher Führung, Wien um 1910

Verpackung von Lebensmittel, Wien um 1905

Folgende Doppelseite: Schreiberinnen, Wien 1914

23

Spielzeugladen im »Böhmischen Prater«,
Wien um 1900

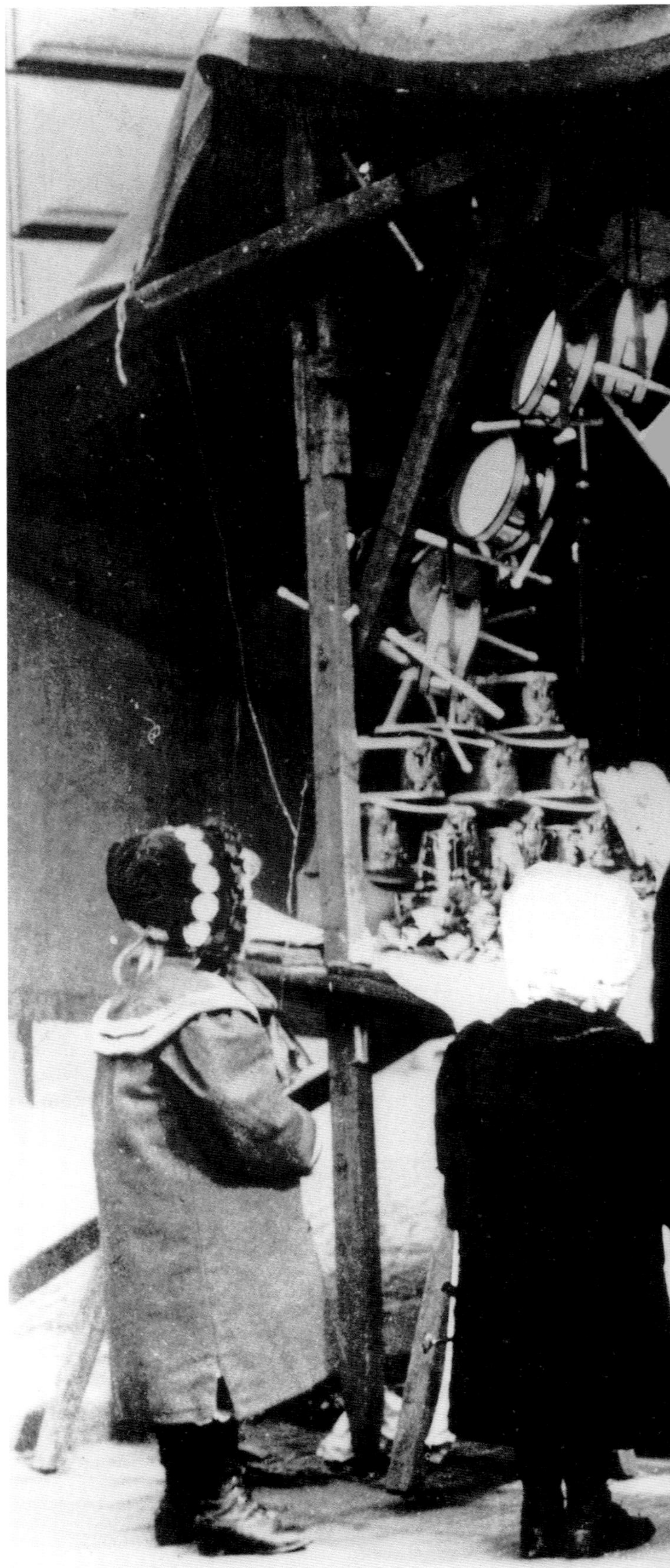

Kinderphotographie im Atelier vor »hohen Bergen»,
Preßburg 1916

Ein Brief von Wien nach Prag, Wien um 1900

Damenkapelle im Wiener Prater, um 1900

Besucher im Gastgarten des Cafe Neubauer, 1897

Parteitag der deutsch-böhmischen Sozialdemokraten in Ústí nad Labem/Aussig, 1902

Oben: Konsumverein in Wien (mit tschechisch-deutsch-ungarischen Aufschriften), Wien 1890
Unten: Tschechische Familie in Wien, 1913 (Text: »Diese Feier gehört uns!!«)

Militärmusik des 28. Böhmischen Infanterieregiments 1905

den die Forderungen, die sich in den Protokollen gesetzgebender Körperschaften finden. So verlangte der christlichsoziale Abgeordnete Adolf Gussenbauer aus Solidarität mit den Deutschen in der ganzen Monarchie allen Tschechisch-Stämmigen, die Gewerbescheine zu entziehen. Denn »tschechische Maronibrater, die nach Monaten mit ihrem guten Verdienst wieder nach Prag zurückgehen und sich dort an der vom Pöbel inszenierten Deutschenhetze beteiligen, verdrängen unsere heimische Bevölkerung«, so die Begründung. 1911 ging man so weit, den Arbeitsvermittlungen verbieten zu wollen, tschechische Dienstmädchen an Wiener Haushalte zu vermitteln.

Wann immer es jedenfalls um diese existentiellen Themen ging, war es ausschließlich die heimische Sozialdemokratie, die sich der Tschechen annahm. Kein Wunder, dass sich diese in der austromarxistischen Bewegung auch lieber assimilierten als anderswo und zu besonders eifrigen »Wienern« wurden.

Das sah in den Augen der daheimgebliebenen Genossen in Böhmen, die ihrerseits immer mehr in das tschechisch-nationale Fahrwasser gerieten und 1911 alle Kontakte zur deutsch-österreichischen Arbeiterbewegung abbrachen, anders aus. Dabei hatte sich die »k. u. k. Sozialdemokratie« sowohl in den Kronländern wie in Wien als Vertreterin des übernationalen Donauraum-Gedankens engagiert – besonders nachdem das Allgemeine Wahlrecht erkämpft worden war. Man wollte über und durch das Parlament die sozialen Zustände ändern! Also musste an einer Funktionsfähigkeit des Reichsrates und der Landtage interessiert sein und mit der k. u. k. Bürokratie zusammenarbeiten. Der Jurist Karl Renner aus Mikulov/Nikolsburg in Südmähren, der neben Victor Adler immer weiter in der sozialdemokratischen Führungshierarchie vorrückte, schlug in seinem grundsätzlichen Werk »Grundlagen und Entwicklungsziele der österreichisch-ungarischen Monarchie« sowohl eine Art friedliche Sozialpartnerschaft »aller Klassen im Rahmen des Staates« als auch die föderalistische Umgestaltung der Monarchie vor: Und zwar in eine deutsche, tschechische und südslawische »Nationsuniversität«. Das hatte nichts mit Hochschuleinrichtungen zu tun, sondern meinte national organisierte Körperschaften.

Der Bruch der »Arbeitereinheit« war jedenfalls programmiert und erfolgte endgültig, als die Sozialdemokraten Böhmens mit den anderen sozialistischen Klubs im Reichsrat nicht mehr zusammenarbeiten wollten, wodurch die linke Bewegung im Parlament eine Serie von Niederlagen erlitt. Die Obstruktion der Slawen lieferte 1913 sogar der kaiserlichen Regierung den Vorwand, den Reichsrat überhaupt zu suspendieren. Am Vorabend des Ersten Weltkrieges war jedenfalls klar, wie man in der Wiener Sozialdemokratie dachte: Der Panslawismus wurde als keine geringere Gefahr als der Klerikalismus betrachtet, als nichts anderes als ein hochgetriebener Nationalismus, der die Massen ausgebeutet hatte.

Victor Adler, der sein Lebenswerk bedroht sah, hatte wenigstens erreicht, dass die Wiener und niederösterreichischen tschechischen Arbeiter fest zu seiner Partei standen; sie besaßen eigene Publikationen in tschechischer Sprache sowie eigene Untergliederungen und waren bei den Parteitagen in Österreich voll integriert. Am Ersten Mai, dem liturgischen Hochfest der Arbeiterbewegung, stellten sie mit ihren bunten böhmischen und mährischen Trachten bis in die neuere Zeit ein beachtliches Marsch-Kontingent.

HERMANN BAHR (1863–1934)

Wien

Hört man den Wiener, so muss hier zu leben ein Fluch sein. Aber keiner wandert aus. Er schimpft, er raunzt, er höhnt, je nach seiner Art. Aber er bleibt ... Und er tut nichts, Wien zu verändern, oder den Wiener, auch nur den Wiener in sich selbst. Dies versucht er nicht und wer es versucht, ist sein Feind.

Der Wiener ist ein mit sich sehr unglücklicher Mensch, der den Wiener hasst, aber ohne den Wiener nicht leben kann, der sich verachtet, aber über sich gerührt ist, der fortwährend schimpft, aber will, dass man ihn fortwährend lobt, der sich elend, aber eben darin wohl fühlt, der immer klagt, immer droht, der sich alles gefallen lässt, nur nicht, dass man ihm hilft – dann wehrt er sich.

Das »rote Wien« jedenfalls war zu einer kompakten politischen Gemeinschaft gereift, die das Leben der Menschen von der Wiege bis zur Bahre begleitete. Und die Theorie, dass die österreichische Sozialdemokratie ihren tschechischen Genossen das Überleben nach Weltkrieg, Erster Republik, Wirtschaftskrise, Parteiverbot und Nazi-Verfolgung verdankt, hat einiges für sich. Denn aus den Kindern der bettelarmen »Ziegelbem« und »Kuchlmadln« waren in zweiter und dritter Generation selbstbewusste Funktionäre und Repräsentanten der Sozialdemokratie Deutschösterreichs geworden – der Staatspartei SPÖ.

Aus Einwanderern werden Einheimische, Wien 1914

Rechte Seite: Wiener Straßenbahner, Wien 1917

64
ACHTUNG
64
OPERNSCHLEIFE
40
6275

DER DOPPELADLER FÄLLT

Eine große Armee hat große Probleme. Die Schwejks schwankten zwischen Hochverrat und Kaisertreue – die Österreicher wiederum machten es den schwierigen Tschechen nicht leicht. Was nach 1914 folgte, führte leider zum Abschied mit schlechtem Ausgang.

Als am 28. Juni 1914 der Thronfolger Österreich-Ungarns in Sarajewo ermordet wurde, schlug die Nachricht auch in Prag und Pilsen, Preßburg und Brünn wie eine Bombe ein. Franz Ferdinands Sympathie für die Slawen war bekannt und wurde eifrig kolportiert.
Seine sogenannte morganatische Heirat mit der böhmischen, tschechisch sprechenden Gräfin Sophie Chotek, die der alte Kaiser Franz Joseph nicht mochte, hatte dem Thronfolger viel öffentliche Zuneigung gebracht. Auch hielt sich Franz Ferdinand am liebsten im Schloss Konopišt auf – einem Jagdschloss in waldreicher Umgebung unweit von Prag – wo er auch immer wieder tschechische Politiker und Intellektuelle empfangen hatte. Franz Ferdinand genoss den Ruf, eine Art heimlicher Regent Böhmens zu sein und von dort aus Europa- und Weltpolitik betreiben zu wollen. Tatsächlich traf er noch wenige Wochen vor der Reise nach Sarajewo den deutschen Kaiser Wilhelm II. in Konopišt.
Nun brach im Sommer 1914 in den tschechischen Siedlungsgebieten Böhmens und Mährens keineswegs jene Hass-Stimmung gegen die von Belgrad ferngesteuerten Attentäter aus, die in den

Erste Frontmeldungen im Hinterland, 1914

Soldaten gehen an die Front, Brünn 1914

deutschsprachigen Städten zur Hysterie geriet: »Serbien muß sterbien«. Die böhmischen Reservisten zogen nach der Mobilmachung eher folgsam in die Kasernen. Die meisten Tschechen wollten, allen nationalistischen Querelen der Vergangenheit zum Trotz, einmal abwarten. Nur unter den Deutschen und Juden Böhmens kam es zu Ausbrüchen von echter Kriegsbegeisterung. Und der böhmische Adel? Nun, der empfand es als selbstverständliche Ehre und höchste Pflicht, dem Ruf des »Obersten Kriegsherren« zu folgen. Als es freilich im Sommer 1914 zur großen Waffen-Verbrüderung mit dem Deutschen Reich kam, wurde unter den Tschechen das Missbehagen immer deutlicher erkennbar. Der Pangermanismus trieb auch tolle Sumpfblüten an nationalistischer Geschmacklosigkeit, sodass sich die Gebildeten fragten, was wohl das Los Böhmens mit seinem Wunsch nach dem »historischen Staatsrecht« sei, wenn die Mittelmächte siegen würden.

So kam die Stunde der Panslawisten rascher als vermutet. Denn schon am 20. August 1914 empfing der russische Zar in Moskau eine tschechische Delegation und der zaristische Oberbefehlshaber, Großfürst Nikolaus, gab ein Manifest an die Völker Österreich-Ungarns heraus. Darin hieß es, dass die »Krone des Heiligen Wenzels in den Strahlen der Krone der Romanows scheinen werde«. Ein Angehöriger der Zarendynastie als böhmischer König auf den Hradschin? Das schien natürlich nur jenen tschechischen Russ-

Aus Glocken werden Kanonen, Südmähren 1914

landfreunden eine wünschenswerte Vorstellung zu sein, die nach wie vor in dynastischen Kategorien dachten – also vor allem bürgerlichen Politikern. Die tschechischen Sozialdemokraten hingegen taten sich schwer, das autokratische, verhasste und reaktionäre Zarenregime als nationale Hoffnung zu akzeptieren. Dennoch bildete sich bald auf russischem Boden eine tschechische Freiwilligeneinheit, die *Ceská Družina*, die nach einer Zeremonie in Kiew an die Front ging – gegen die Österreicher. In deren Reihen standen zehntausende Tschechen als k. u. k. Soldaten, die – wie auch die Romanfigur Schwejk – zwar wenig vom Heldentum wussten, aber auch nicht von einer verirrten Kugel eines Landsmannes getroffen werden wollten.
Aber nicht erst auf dem russischen Kriegsschauplatz, sondern am Balkan kam es zur Feuerprobe. Österreich hatte als erstes Land dem Königreich Serbien den Krieg erklärt, weil das Balkankönigreich die Franz-Ferdinand-Mörder von Sarajewo geheim unterstützt hatte. Und so griff am 12. August 1914 die 5. österreichische Armee über die Drina hinweg das südslawische Ländchen an. Der Plan sah vor, dass die 2. Armee der 5. Armee folgen sollte. Aber diese 2. Armee kam nicht zur Einsatz, da sie mittlerweile vom Balkan weg in zahllosen Eisenbahnzügen an die ferne russische Front verlegt wurde, nach Galizien. Was zwischen Österreich-Ungarn und Russland den Krieg eröffnete.

Oben: K. u. k. Armeeführung, 1914
Rechts: Postkarte, 1914

Die Katastrophe trat am 17. August ein, als sich die in Serbien kämpfenden Österreicher plötzlich einer massiven Übermacht von tapfer kämpfenden Serben gegenübersahen. Viele k. u. k. Soldaten ergaben sich oder liefen zum Feind über, darunter Männer von Schützendivisionen, die mehrheitlich aus Tschechen bestanden. Neutrale Militärbeobachter erwarteten, dass durch Desertion ihrer slawischen Einheiten die Habsburger-Armee auch in Galizien sehr bald zerfallen würde.

Nun hatte das kaiserliche Heer schon jahrhundertelang mit der Multinationalität seine Probleme – aber auch positive Erfahrungen gemacht. Nach dem Ausgleich von 1867 waren es dabei vor allem die Ungarn gewesen, die immer wieder eine eigene magyarische Wehrmacht wünschten. Dennoch blieben die als k. u. k. Armee existierenden Einheiten integriert. Die Traditionspflege wurde im Sinne einer multinationalen, multikulturellen und multikonfessionellen »großen Familie« gestaltet und solcherart als Staatsidee des Habsburgerreiches zelebriert.

Je aufwendiger, technischer und verzahnter aber die Ausbildung der Soldaten im Lauf der Zeit wurde, desto schwieriger gestaltete sich die Kommunikation. Auf 100 Mann des k. u. k. Heeres kamen 1914 im Durchschnitt 25 Deutschsprachige, 23 Magyaren, 13 Tschechen, 4 Slowaken, 8 Polen und Ruthenen, 9 Serben und Kroaten, 7 Rumänen, 2 Slowenen und 1 Italiener. Die Unterschiede hinsichtlich Bildung, Gesundheitsbewusstsein und Hygiene waren gigantisch. So gab es unter den Prager Rekruten nur drei Prozent Analphabeten, während es unter den Galiziern über 60 Prozent waren. Tatsache aber war, dass je höher jeweils das Bildungsniveau eines Kronlandes war, desto national-bewusster verhielten sich die Rekruten. Im Kriegsministerium in Wien gab es daher auch schon in Friedenszeiten bestimmte Regeln. So setzte

JAROSLAV HAŠEK (1883–1923)

Die Abenteuer des braven Soldaten Schwejk

Nicht einmal eine Erzherzogin hätte so würdevoll eintreten können, wie es Baronin von Botzenheim tat … Sie war blaß, aber noch blässer war Doktor Grünstein. Ihm tanzte die kleine Visitenkarte der alten Baronin mit dem Titel »Generalswitwe« vor den Augen.
»Hier haben wir den Schwejk«, sagte er, eine künstliche Ruhe bewahrend, … »er verhält sich sehr geduldig.«
Baronin von Botzenheim setzte sich auf den herbeigeschobenen Stuhl an Schwejks Bett und sagte in gebrochenem Tschechisch: »Tscheski Soldat, brav Soldat, Kripplsoldat sein tapfere Soldat, hab moe gern tscheski Österreicher.«
Die Baronin zog inzwischen die Geschenke aus dem Korb: Ein Dutzend gebratener Hühner, in rosa Seidenpapier gewickelt und mit schwarzgelben seidenen Schleifen umwunden und zwei Flaschen eines Kriegslikörs mit der Etikette: »Gott strafe England!«.

man gegen deutschnationale Studenten problemlos Bosniaken in Marsch, gegen tschechische Demonstranten am besten Ungarn – und umgekehrt.

Das gewollte »Durchmischen«, wie Franz Ferdinand geplant hatte, verkomplizierte das natürlich ungemein und es potenzierte vor allem das Sprachenproblem ins Unerträgliche. Da gab es die »Kommandosprache« (in der k. u. k. Armee deutsch) in der rund 80 Befehle ausgegeben wurden, dann gab es die »Regimentssprache«, die von mindestens 20 Prozent der Soldaten eines Regiments gesprochen werden sollte und schließlich die »Dienstsprache«, die im Verkehr mit den zivilen Behörden einer Gegend, in der man gerade stationiert war, verwendet wurde.

Vielfach versuchte man dem Sprachenbabel zu entgehen, indem man Dienstbehelfe in mehreren Sprachen herausgab, was vor allem bei medizinischen Unterlagen besonders wichtig war. Daneben gab es auch rührend naive »Instruktionstücher« – große Taschentücher, auf denen wichtige Übersetzungen für den einfachen Rekruten standen.

Nun hatte der Sprach- und Nationalitätenkonflikt den in Böhmen stationierten Einheiten bereits im Frieden große Probleme bereitet. Bereits 1893, als das Prager Infanterieregiment Nr. 28 nach Linz verlegt werden sollte, kam es zu Tumulten. 1905 mußte das

Armee-Kraftfahrzeug bei der Montage, Pilsen 1914

II. Bataillon dieses Regiments in Budweis bei Wahlrechtsdemonstrationen Ordnerdienste leisten, die tschechischen Soldaten weigerten sich aber, von der deutsch geführten Stadtverwaltung Erfrischungsgetränke entgegenzunehmen: »Prager Soldaten nehmen von den Budweiser Deutschen nichts an.« 1909 kam es zu einem mittleren Wirbel, als das Infanterieregiment Nr. 54 aus Olmütz nach Bosnien ausrücken sollte. Als der Balkankrieg ausbrach, weigerten sich die Infanterieregimenter 18 und 36 sowie das das Dragonerregiment Nr. 8 die Transportzüge zu besteigen, um in den Süden zu gehen. In allen diesen Einheiten gab es über 50 Prozent Tschechen. Schon damals zeigte sich, dass es vor allem die jüngeren Reserveoffiziere waren, die die nationale Agitation in die Truppen trugen und sich dabei gegen die »übernationalen« Berufsoffiziere stellten.

K. u. k. Husaren in Budapest, 1914

Als nun aber nach 1914 scharf geschossen wurde, kam es vorerst kaum zu kollektiven Dienstverweigerungen oder Desertionen

se prisne
Das Tabakrauchen
ist streng verboten

tschechischer Soldaten, sieht man von den übertriebenen Vorfällen am serbischen Kriegsschauplatz ab. Auch in den ungemein blutigen Schlachten der ersten Monate gegen die Russen, die in Galizien mit ihrer brutalen Dampfwalze den österreichischen Riegel »brechen« wollten, kämpften tapfere und geduldige tschechische Soldaten aller Ränge in den feldgrauen Uniformen der kaiserlichen Armee. Tatsache ist allerdings, dass viele Tschechen die Gefangenschaft dem Tod vorzogen – eine nachvollziehbare Haltung. So erklären sich auch die aberwitzigen Verluste der österreichisch-ungarischen Armee in den ersten Kriegsmonaten: Nicht weniger als 574.000 Mann waren bis zur Offensive von Gorlice in Galizien in Gefangenschaft geraten.

Erst am Höhepunkt der mörderischen Karpatenschlachten im Jahr 1915 kam es, dass ein ganzes Regiment geschlossen zum Feind überlief: Das traditionsreiche 28. Infanterieregiment, das sein Ergänzungskommando in Prag hatte und dessen Offizierskorps gleichfalls zum Teil aus tschechischen Offizieren bestand.

Nimmt man allerdings die Zahl der Gefallenen als Maßstab für die Einsatzbereitschaft und die persönliche Tapferkeit der Soldaten, dann zeigt sich, dass das Klischee vom »unzuverlässlichen« böhmischen Verräter, das von den Deutschnationalen noch im Krieg selbst, dann aber erst recht nach 1918 gemalt wurde, keineswegs

Linke Seite:
Oben: Infanteristen in Serbien, 1914
Unten: Honveds in Ungarn, 1914

Jungsoldat in Galizien, 1915

Oben: Offiziere im Unterstand, Isonzo 1916

Unten: Weihnachten 1917

Oben: Fesselballon in Albanien, 1917

Unten: Schützengräben in Serbien, 1914

Österreichische Flugzeuge in Oberitalien, 1916

zutraf. Den höchsten Blutzoll der Monarchie zahlte nämlich Südmähren mit 43 Gefallenen je 1000 Einwohner, gefolgt von den Böhmen mit 35 Toten. Die rein tschechischen Böhmen hatten mit 22 Gefallenen jedenfalls mehr zu beklagen als Galizier, Welschtiroler und Kroaten.

Niemand geringerer als einer der bedeutendste tschechische Historiker Josef Pekař, brachte das Problem seiner Landsleute im Ersten Weltkrieg auf den Punkt: »Unsere Regimenter haben ein moralisches Opfer in einem Ausmaß gebracht, wie es weder Freund noch Feind erwartet hatten. Unsere Regimenter, die in sich die Stimme des Blutes wie des Herzens unterdrückten, starben und bluteten wirklich allein für Kaiser und Reich.«

Überlagert wurde das Frontgeschehen freilich zunehmend von den Aktionen tschechischer Politiker, die im Hinterland und im Ausland operierten. Karel Kramář, Sohn eines wohlhabenden Baumeisters und einer Russin, der Führer der sogenannten Jungtsche-

chen geworden war und der bereits 1891 im Reichsrat in Wien saß, war wohl der Wichtigste.
Kramá fuhr nach Kriegsbeginn nach St. Petersburg, um der Zarenregierung den Plan für ein »böhmisches und slowakisches Königreich« zu übermitteln. Während man sich also täglich tausendfach totschoss, spintisierte einer zu Hause von der Verteilung künftiger Kronen.
Genauso sah es jedenfalls Österreichs Generalstabchef Conrad, der in Kramá den idealen Buhmann gefunden hatte – einen »Hochverräter«. Das »Durchgreifen« gegen den mit Abstand populärsten tschechischen Politiker würde, so Conrad, ein Exempel statuieren. Also wurde Kramá am Vorabend der Kriegserklärung Italiens an Österreich verhaftet und monatelang in Untersuchungshaft genommen. Erst im Juni 1916 wurde er vom Militärgericht in Prag zu Tode verurteilt – die Strafe für Hochverrat. Aber es geschah nichts. Den ehemaligen Reichsratsabgeordneten, den Trienter Professor und Journalisten Cesare Battisti, der zum feindlichen Italien übergewechselt und in italienischer Uniform gefangengenommen worden war, hatte man hingegen sehr rasch hingerichtet. Kramá aber blieb in Haft und Opfer der verhassten österreichischen Unterdrückung.
Einfluss nahm auch Tomáš G. Masaryk, Vertreter der kleinen, aber intellektuell einflussreichen tschechischen »Realistenpartei« im österreichischen Reichsrat. Der in Mähren geborene Sohn eines

Nachschubdepot in den Karpathen, 1916

Oben: Kaiserin Zita – Besuch in einem Invalidenheim, 1917

Unten: Kriegsgefangene in Galizien, 1914

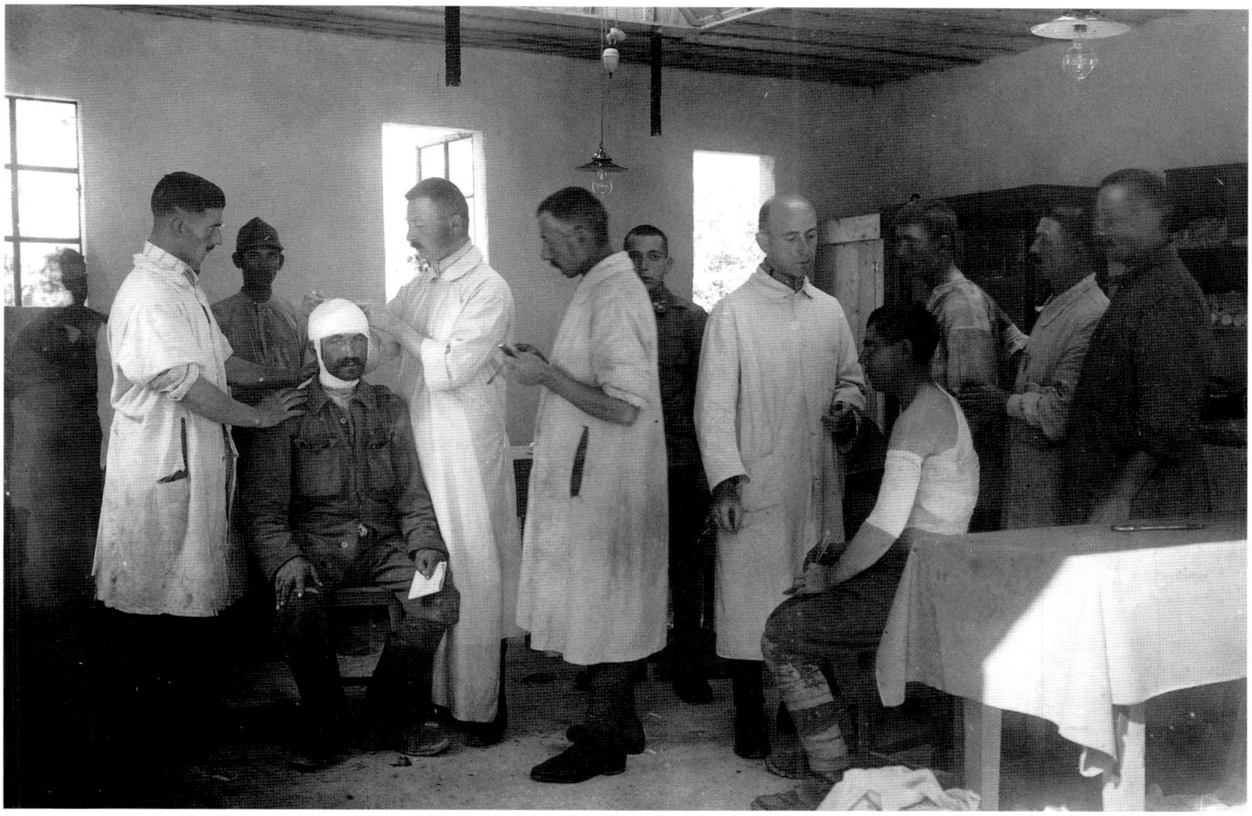

Oben: Verwundete im Feldspital, Serbien 1914 *Unten: Invalide auf Heimaturlaub, Prag 1914*

Untergang eines Moldauschiffes, Prag 1918

Slowaken und einer Deutschen war Absolvent des Akademischen Gymnasiums in Wien, Professor der Karls-Universität in Prag, Gelehrter, Schriftsteller und Philosoph. Er heiratete eine Amerikanerin und wurde durch sie zum Bewunderer der westlichen angelsächsischen Demokratie. Als 1914 der Krieg begann, unternahm Masaryk Reisen in drei neutrale Länder. In der Schweiz wurde er gewarnt, dass ihn die österreichische Polizei nach der Rückkehr festnehmen werde. So ging er nach Paris, wo er von Ministerpräsident Aristide Briand zu »Gesprächen« eingeladen wurde. Der Herausgeber der Times – der frühere Wien-Korrespondent des Blattes – vermittelte ihm den Kontakt zum britischen Premiere Herbert Asquith. Zu diesem Zeitpunkt war bereits Masaryks talentierter Schüler aus Prag, der junge Soziologe Edvard Beneš, zu ihm gestoßen.

Ermuntert vom Westen, gründete Masaryk in Paris im November 1915 eine »Tschechoslowakische Bewegung für Unabhängigkeit«, womit die Gründung eines unabhängigen Staates der Tschechen und Slowaken explizit zum Programm erhoben wurde – was ausdrücklich die Zerschlagung Österreichs-Ungarns voraussetzte.

Dennoch war ein Entmachtung des Hauses Habsburgs kein offizieller Plan der Alliierten, solange es geheime Gespräche mit dem 1916 gekrönten jungen Kaiser Karl gab, die auf einen Separatfrieden Österreich-Ungarns mit den Entente abzielten. Bekanntlich

K. u. k. Militärgericht, Dalmatien 1915

missglückte aber die als »Sixtus-Affäre« bekannt gewordene Friedensaktion und Kaiser Karl wurde in der Folge noch kürzer an die Leine des deutschen Verbündeten genommen.
Dies war die Stunde Masaryks. Denn als die USA in den Weltkrieg gegen die Achsenmächte eintraten, war in Washington, Paris und London jeder Mann, der eine Sprengbombe gegen Österreich-Ungarn zu zünden bereit war, willkommen.
Vor allem mit Hilfe seiner Journalistenfreunde gelang es dem polyglotten Masaryk bald, seine tschechoslowakische Sache überall geschickt zu vertreten. Dann trat er eine Propagandalawine gegen den »Völkerkerker« Österreich-Ungarn los und machte klar, dass im Nachkriegseuropa die Tschechen eine maßgebliche Führungsrolle im Dienste des Westens übernehmen würden.
Im Juni 1918 billigten die Engländer und Franzosen Masaryks tschechischen Nationalrat und räumten ihm das Recht zur Teilnahme an den Konferenzen der Alliierten ein. Schließlich anerkannte auch der US-Präsident Woodrow Wilson unter inneramerikanischem Druck diese Exilregierung an.
Nur wenige in den westlichen Hauptstädten begriffen allerdings, dass der neue Staat auf einer riesenhaften Bombe saß. Denn man hatte jetzt eine Minderheit von drei Millionen deutschsprachigen Altösterreichern innerhalb der neuen Staatsgrenzen. Masaryk stellte jedoch eine glaubhafte demagogische Frage: »Was ist richtiger –

Karel Kramář (1860–1937), Reichsratsabgeordneter und zum Tod verurteilter tschechischer Politiker, 1915

daß mehr als neun Millionen Tschechen und Slowaken unter der Herrschaft der Deutschen, oder daß drei Millionen Deutsche unter der Herrschaft der Tschechoslowaken sind?«

Als Kaiser Karl am 16. Oktober 1918 sein Manifest erließ, in dem vorgesehen war, dass Österreich zu einem »Bundesstaat« werden sollte, war es zu spät. Masaryk rief am 19. Oktober in Paris die Unabhängigkeit der Tschechoslowakei aus – obwohl zu diesem Zeitpunkt noch immer tausende böhmische, mährische und slowakische Soldaten tief unten am Balkan, in Oberitalien an der Piave, im Hochgebirge der Dolomiten in den Armeen der sich auflösenden Donaumonarchie kämpften. Tatsächlich war kein Quadratmeter Österreich-Ungarns im Herbst 1918 vom Gegner besetzt – so gesehen hatte die k. u. k. Armee ihre Aufgabe voll und ganz erfüllt. Wer heute die Soldatenfriedhöfe besucht, kann die Namen der zuletzt Gefallenen der Monarchie lesen: Es sind auch unzählige Pavels und Františeks, Václavs und Jans darunter – sinnlose Opfer aus heutiger Sicht, aber stumme Zeugen ihrer Pflichterfüllung gemäß dem damaligen Fahneneid.

Noch vor dem Waffenstillstand am 21. Oktober 1918 erklärte der neu gebildete »Nationalrat« Deutsch-Österreichs in Wien, dass man eine unabhängige Republik bilden wolle – unter Einschluss der Deutschen Böhmens.

Die Tschechen waren erst am 28. Oktober so weit. Bis zu diesem Zeitpunkt hielten schwerstbewaffnete österreichische Militärs – vorwiegend Ungarn und Rumänen – die Prager Innenstadt besetzt.

ANTON OHORN (1846–1924)

Ruhland

Nicht Fremde sind wir in dem Böhmerlande,
Und Lüge ist's, dass wir geduldet nur;
Uns knüpfen an die Scholle heil'ge Bande,
Und jeder Schritt zeigt uns der Ahnen Spur;
Was sie dem Lande einstens lieh'n zum Pfande,
Das hüten und verteid'gen wir: Kultur;
Wo immer Blüten heut' in Böhmen prangen,
's ist deutsche Saat, die herrlich aufgegangen.

Sokol-Fahnenträger, Prag 1918

Linke Seite:
Oben: Hinrichtung von Zivilisten in Galizien, 1915
Unten: Tschechischer Überläufer, Galizien 1916

Kaiser Karl am Isonzo, 1917

Oben: Kaiser Karl im Hinterland, Brünn 1917 *Unten: Kriegsende, 1918*

Demonstrationen, Ausrufung der tschechoslowakischen Republik, 1918

Einzug der tschechoslowakischen Exilarmee in Prag, 1918

Die Gefahr eines Zusammenstoßes mit den zum Altstädter Ring strömenden Zivilisten war extrem groß. Mitglieder der *Sokol-Bewegung* rüsteten zum bewaffneten Kampf. Aber glücklicherweise gab der Stadtkommandant nach – und ein sogenannter Prager Nationalausschuss erklärte: »Der unabhängige tschechoslowakische Staat ist entstanden!«

Die alten österreichischen Wappen wurden heruntergerissen und die habsburgischen Fahnen verbrannt.

So war die gut tausendjährige Zusammengehörigkeit in einem

gemeinsamen Reichsverband beendet. Sowohl die Deutsch-Österreicher als auch die Tschechen hatten sich aus der großen österreichischen Völkerfamilie verabschiedet. Das Kapitel im Familienalbum war geschlossen.
Was nun folgte, ist bekannt.
Die Österreicher schossen zuerst aufeinander und ergaben sich 20 Jahre später kampflos jener fremden Armee unter dem Hakenkreuz, die im Frühjahr 1938 das wehrlose Land niederwalzte.
Die wirtschaftlich potenten Tschechoslowaken verfolgten zuerst

1415
1919
JINDRA

Erster Republikspräsident Tomáš Garrigue Masaryk (1850–1937)

Adolf Hitler beim Einmarsch in die Tschechoslowakei, 1938

Präsident Eduard Beneš (1884–1948)

Großmachtträume in Mitteleuropa, wurden aber mit ihrem eigenen unlösbaren Nationalitätenproblem genauso wenig fertig wie vorher die Habsburgermonarchie. Im Herbst 1938 ließen die Westmächte Prag ebenso im Stich, wie ein halbes Jahr zuvor Wien. Hitler marschierte zuerst in den vornehmlich deutschen Gebieten Böhmens ein, einige Monate später im tschechischen Rest der alten Kronländer Böhmen und Mähren. Die Slowakei wurde ein Kleinstaat von Hitlers Gnaden. Die Österreicher wurden in deutsche Uniformen gesteckt, ebenso die Deutschen Böhmens. Die Tschechen zwang Adolf Hitler zu Rüstungs- und Hilfsarbeiten. Slowakische Soldaten kämpften unfreiwillig an Deutschlands Seite. Hunderttausende Juden und Zigeuner, Zeugen der alten Zivilisation Mitteleuropas, wurden in Konzentrationslager deportiert und viele umgebracht.

Vertriebene Sudentendeutsche auf der Flucht in Wien, 1945

1945 gründeten sich die alten Republiken der Vorkriegszeit neu. Die Tschechoslowaken glaubten, ihr zentrales Problem durch Vertreibung der jetzt als »Sudetendeutsche« bezeichneten deutschsprachigen Mitbürger Böhmens und Mährens lösen zu können. Diese ehemaligen Altösterreicher wurden mit Zustimmung der Siegermächte des Zweiten Weltkrieges brutal aus dem Land vertrieben, viele verloren ihr Leben. Die Flüchtlinge – geschätzte zwei bis zweieinhalb Millionen Menschen – flohen mehrheitlich in das besetzte Westdeutschland, einige hunderttausend nach Österreich. 150.000 Magyaren verließen mehr oder weniger gezwungenermaßen die Slowakei.
1948 verwandelte sich die demokratische Republik ČSSR in eine kommunistische Volksdemokratie. Das harte bolschewistische Regime liquidierte auch die letzten Reste der deutschen Siedlungen

Böhmens und Mährens. Ein beispielloser Niedergang setzte ein, Reformen scheiterten; insbesondere der von Reform-Kommunisten getragene »Prager Frühling« im Jahr 1968.
Mehr als 20 Jahre später kam es zuerst in Polen, dann in der Deutschen Demokratischen Republik und in Ungarn zum Widerstand der Bevölkerung gegen die kommunistischen Regimes. Nachdem die Sowjetunion nicht eingriff, brach im Herbst 1989 eine Regierung nach der anderen zusammen. In Prag ging die Polizei brutal gegen demonstrierende Studenten vor. Die Protestkundgebungen nahmen über Nacht landesweite Dimensionen an. In ihrer Not griff die KP zu einem kuriosen Mittel: Das rote Parlament wählte den bedeutendsten – regimefeindlichen – Schriftsteller des Landes, Václav Havel, zum Staatspräsidenten. Nicht- und Antikommunisten rückten in die Regierung auf. Der Eiserne Vorhang wurde abgebaut, die Beziehungen mit Österreich aufgenommen, der Visumszwang für die jahrzehntelang getrennten Bürger beider Staaten abgeschafft. Präsident Havel erklärte: »Ich wäre glücklich, würden uns andere Staaten deswegen achten, weil wir Verständigungsbereitschaft, Toleranz und Friedensliebe beweisen ... ich möchte unsere Nachbarn nicht vergessen, das brüderliche Polen und die uns immer schon nahestehenden Staaten Ungarn und Österreich.«
So stellt jede Seite im historischen Album zugleich ein eigenes spannendes Kapitel mitteleuropäischer Zeitgeschichte unzähliger Familien dar. Jedes Photo wird zum Dokument der Lebensgeschichte der Großeltern, Eltern, Kinder und Enkel. Zusammen bilden sie –

VÁCLAV HAVEL (GEB. 1936)

Die Kommunisten haben Václav Havel mit dem Etikett »bürgerliche Herkunft« versehen. Aber die Herkunft ist etwas, wofür man nichts kann und die man niemals loswird. Václav Havel wird seine genealogischen Wurzeln nie verlieren – es ist die tschechische Bourgeoisie, die schon im alten Österreich-Ungarn das Fundament für die Prosperität der Ersten Republik gelegt und grundlegenden Einfluss auf Bildung und Kultur der Mitbürger genommen hatte. Aufstieg und Fall der Familie Havel sind anscheinend typisch für das Schicksal dieses Landes und lehrreich für Gegenwart und Zukunft. Was geschehen ist, lässt sich nicht ungeschehen machen, doch heute entsteht wieder eine nationale tschechische Bourgeoisie wie im 19. Jahrhundert.
Václav Havel, der Großvater des späteren Präsidenten, erbaute die Lucerna in Prag, einen Kulturpalast, der einer europäischen Großstadt würdig ist. Er liebte Prag und wollte etwas schaffen, das aus der österreichisch-ungarischen Provinzstadt eine Großstadt machen sollte. Großvater Havel errichtete auch das Haus Nr. 2000 am einstigen Palacký-Ufer. Und dort zog Havels Vater mit seiner jungen Frau Božena ein. Ihr Vater hieß Hugo Vavreka und war in der Redaktion der *Lidove noviny* beschäftigt gewesen, musste aber 1914 als Marineoffizier nach Triest einrücken. Später wurde Vavreka Botschafter, erst in Budapest, danach in Wien.
(Nach Eda Kriseová.)

Sudetendeutscher Tag 2007 in Augsburg

ob sie aber nun wollen oder nicht – eine große Familie. Darüber sollten auch die Politiker mehr nachdenken.
Bis dahin ist die These, die der Präsident des internationalen PEN-Clubs und ehemalige tschechische Botschafter in Wien Jiří Gruša aufgestellt hat, überaus interessant; Gruša, ein Freund Havels aus Dissidententagen, meinte nämlich:
»Tschechen und Österreicher sind eine Nation … aber in einer Familie gibt es oft die ärgsten Streitigkeiten …« Und auf die Frage, was Tschechen und Österreicher unterscheidet, antwortete Gruša: »Der gemeinsame Charakter.«

*

Jetzt überlasse ich meiner Frau Christiane das Wort. Sie versteht vom guten Essen und der Gastfreundschaft in Mitteleuropa fast so viel wie die Tante Jolesch. Ihr Anliegen ist hier aber nicht die Bekanntgabe der Rezeptur von Krautfleckerl, Powidl und Böhmischen Dalken, sondern die Wiederentdeckung und Rehabilitierung der wahrscheinlich wichtigsten Köchin Mitteleuropas. Von dieser Dame könnte das mitteleuropäische Sprichwort stammen: »Beim Essen und Trinken kommen die Leut' zusammen.«

ČAJ TŮMA
ČAJEM
PRAZE
LOTERIE

ALLTAGSMÜH IM MEHLSPEISHIMMEL

MEHR ALS EIN NACHWORT

von Christiane Marie Magenschab

Wer kennt Magdalena Rettigova (1785–1845) aus Beroun/Beraun? Die Dame hat den hunderttausenden *Maries* aus Böhmen und Mähren für unendlich viele Haushalte im ganzen Donauraum die Bücher »Hausköchin« und »Süße Küche« auf die Reise mitgegeben; und die böhmischen Rezepte wurden auch in alle Sprachen Altösterreichs übersetzt. Dennoch können sie nicht darüber hinwegtäuschen, welche Mühsal das Frau-Sein den Großmüttern abforderte.

Kaiserin Elisabeth, die Gattin von Kaiser Franz Joseph, musste sich wohl nie mit der konkreten Haushaltsführung beschäftigen, sie hat wohl nie den täglichen Stress der Versorgung von durchschnittlich sieben Personen (nach einer Familienstatistik um 1890 die Größe eines Durchschnittshaushalts ihrer Untertanen) erlebt und dennoch verfasste sie ein Gedicht mit dem Titel »Familienjoch«, in dem sie das Drama der Frau des ausgehenden 19. Jahrhunderts zum Reim machte:

»Wie der Pontius ins Credo
Kam ich ins Familienjoch,
Denn zu fliehen die Familie,
War mein Drang von jeher doch.
Nach der Mutter Freiheit fühl ich
Mich von Schmerzen oft verzehrt,
Doch umsonst! Die Schwingen sinken
Machtlos hin mir und beschwert.«

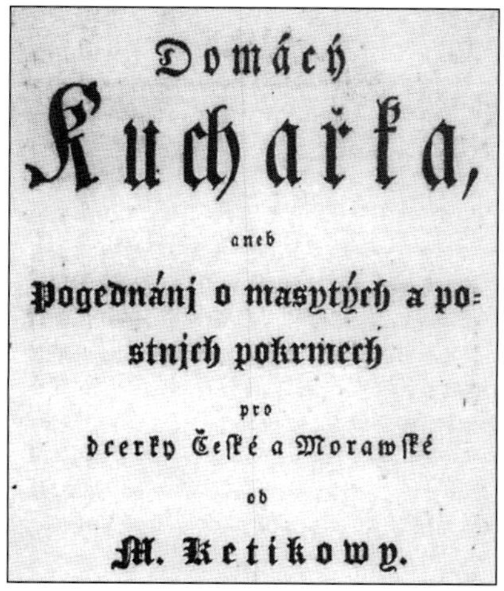
Domácý
Kuchařka,
aneb
Pogednánj o masytých a po-
stnjch pokrmech
pro
dcerky České a Morawské
od
M. Retikowy.

Wahrscheinlich war das »Familienjoch« infolge der sozialen Trennung von »Oben« und »Unten« tatsächlich nirgendwo in den damals »modernen« Staaten so deutlich spürbar wie in der Welt der Frau in der Donaumonarchie. Auf der einen Seite dominierte eine leichtlebige Genusssucht – die in saturierte Zufriedenheit umschlug – auf der anderen blanke materielle Not und die Sorge um das Füllen der Mägen.

Da war die »Gnädige«, eine Figur aus der Welt des Adels, der höheren Beamtenschaft und einer zu Wohlstand gekommenen Bourgeoisie, die mit dem traditionellen Hauspersonal – Dienstboten, Köchin, Gouvernante, Amme, Wäscherin, Zugehfrau – dispositiv umgehen musste, damit das wichtige äußere Erscheinungsbild stimmte. »Fassade« war in Böhmens und Mährens guten Kreisen wichtig, organisatorische Fähigkeiten der »Gnädigen« unerlässlich. Dazu kam der gesellschaftliche Ehrgeiz, der mit karitativer Ambition gepaart war. Die Auswahl der Produkte für die Küche wurde zum Ritual auf den Märkten von Prag und Brünn, Iglau und Olmütz. Die Überwachung der Zubereitung der täglichen Mahlzeiten der großbürgerlichen Familie und besonders die der repräsentativen Einladungen war eine tagesfüllende Beschäftigung. Noch unberührt vom Wissen um gesunde oder kalorienarme Kost war einzig entscheidend, wie gut es schmeckte. Weshalb die Rundungen der Familienmitglieder und Gäste von Jahr zu Jahr voller wurden, was freilich dem Schönheitsideal nicht in jenem Maße abträglich war wie heute. Auch musste man die gekauften Waren nach Hause schleppen. Der Einsatz von öffentlichen Verkehrsmitteln war undenkbar, mangels eigenen Fahrzeugen war das Einkaufen auf Märkten mühsam und zeitraubend. Und jedes Kilo mehr, das nach Hause geschleppt wurde, bedeutete geradezu eine Liebeserklärung an die jeweiligen Gäste.

Noch problematischer war das Heimtragen der Nahrungsmittel bei den Menschen auf dem Land, in den Proletarierhaushalten der wachsenden Städte sowie bei den Kleinbürgern. Das Essen konnte dort kein tägliches Fest sein. Angesichts der Wohnungsnot war die Küche vielfach auch zugleich Schlafraum, Arbeitsraum und Wohnstube. Die hohe Kinderzahl – Kinder waren die natürliche Altersvorsorge – ermöglichte zwar ein familiäres Miteinander, erschwerte aber vielfach auch das Mindestmaß an Hygiene. Viele Frauen der Unterschicht waren berufstätig – als mithelfende Bäuerinnen oder Bedienstete, die der Großbürgerin zur Hand gingen. Darüber hinaus gab es im Industrieland Böhmen bereits in verschiedenen Bereichen kollektive, maschinelle Frauenarbeit, insbesondere in der Textil- und Lebensmittelindustrie. Für diese Frauen war das heimische Kochen eher eine Belastung als ein Vergnügen – dementsprechend ärmlich fiel auch der Speiseplan aus. So gab es viele kalte Imbisse und Gemüsesuppen, die mit Brot gestreckt wurden und

FRIEDRICH TORBERG (1908–1979)

Die Tante Jolesch

Eine Dame der Prager Gesellschaft, nach ihrer Beziehung zu einer andern befragt, antwortete – um so recht zu verdeutlichen, daß die andre als Verkehr für sie nicht in Betracht käme–: »Mit der grüß ich mich nicht.« (Sie sagte natürlich »grieß«, aber ich muss jetzt allmählich darauf vertrauen dürfen, daß der Leser die korrekte Aussprache von selbst mitliest.)
Die grammatikalische Verstümmelung dieses Satzes ist nicht unbedingt zu verurteilen. Sie entsteht erst durch die Singularisierung der einwandfreien Pluralform: »Wir grüßen einander nicht«, die jedoch am Tatbestand weit vorbeigegangen wäre und ihm die Basis einer nicht gegebenen Gleichwertigkeit unterschoben hätte. Die Befragte wollte ja klarstellen, dass sie es sei, die der anderen nicht nur den Gruß verweigert, sondern obendrein keinen Wert darauf legt, daß jene sie grüßt. Wie hätte sie das ausdrücken sollen? Etwa durch ein farbloses: »Ich stehe mit ihr nicht auf Grußfuß«? Auch das wäre unzureichend gewesen. Die zitierte Wendung ist zwar grammatikalisch falsch, aber gesellschaftlich richtig.
Gegrüßt bzw. nicht gegrüßt wurde in erster Linie am Graben, einer der Hauptverkehrsadern der Stadt [Prag], rechtwinklig zum repräsentativ tschechischen Wenzelsplatz gelegen und Mittelpunkt des deutschen Gesellschaftslebens …
Am Graben befanden sich die von der deutsch-jüdischen Gesellschaft bevorzugten Geschäftsläden, Kaffeehäuser und Restaurants, die führende deutsche Buchhandlung, das altrenommierte Hotel »Blauer Stern«, das »Deutsche Haus« und die übrigen Wahrzeichen einer heute bis in die Wurzeln ausgerotteten Existenzform. Und am Graben fand allsonntäglich in den späten Vormittagsstunden der Korso statt, auf dem Grüßen und Nichtgrüßen kultiviert wurde, wobei die im ersten Fall geübten Nuancen größte Bedeutung hatten. Wie tief der Grüßende den Hut zog und in welcher Entfernung er zum Gruß ansetzte, war für das Verhältnis zwischen ihm und dem Gegrüßten ebenso aufschlußreich wie für dessen gesellschaftliche Position; er seinerseits, der Gegrüßte, bekundete durch die Promptheit und Freundlichkeit der Erwiderung, in welchem Ausmaß ihm der Gruß willkommen war.

vor allem die Knoblauchsuppe war in Böhmen für die Ärmeren eine beliebte Alltagskost.

Normalerweise verbrauchte ein Arbeiterhaushalt um 1900 pro Person und Jahr rund 49 Kilo Fleisch (heute sind es etwa 67 Kilo), dessen Qualität aber höchst unterschiedlich war. Die Frauen selbst nahmen sich normalerweise beim Verzehr gegenüber den Familienmitgliedern –insbesondere gegenüber dem Oberhaupt – zurück. Und sie lebten vielfach von fleischloser Kost und von Kaffee. Meistens war es heißer Malz- oder Zichoriekaffee, der morgens und mittags zu einem Stück Brot getrunken wurde. Abends gab es dann auch für die Frauen Suppe, ein Stück Wurst und Käse. Brot wurde oftmals mit Zucker und Marmelade, dem in Böhmen sehr beliebten Powidl bestrichen. Angeblich soll daher der Ausdruck »süßes Mädel« rühren.

In solchem Umfeld konnte natürlich nicht das gedeihen, was als »Böhmische Küche« zu einer mitteleuropäischen Legende wurde.

Familienidyll in Südmähren, um 1900

Rechte Seite:
Kleinfamilie, Cheb/Eger, um 1910

Weil aber zumeist die »Gnädige« selbst keine Zeit und Lust hatte, persönlich stundenlang am Herd zu stehen, muss als Urheber der märchenhaften Kunst des Kochens jemand *anderes* angesehen werden – nämlich die heimliche Macht in Böhmens gehobenen Haushalten: die *Marie* – auch wenn sie Anna, Olga oder Hana hieß. Ihr Einflussbereich reichte normalerweise erheblich weiter als in Küche und Keller, er umschloss auch das Kinderzimmer und führte sogar ins Schlafzimmer der Gnädigen. *Marie* war Vertraute in allen Lebenslagen und für alle Familienmitglieder – sie wusste über Schwangerschaften und Krankheiten der Herrschaft ebenso Bescheid wie über Liebeskummer der Jugend und Seitensprünge der Verheirateten, und natürlich auch über Erbschaftsangelegenheiten, Berufsprobleme und Schulsorgen. Geburtstage bereitete sie ebenso vor wie die Feiertage. Vor allem aber wusste sie genau, was wer wann gerne aß. So verschaffte sie der Familie auf maximale Art und Weise Wohlgenuss.

Der Ruf der böhmischen Perlen verbreitete sich über Theaterstücke, Dreigroschenromane und Operetten rasch in der ganzen Monarchie. Eine böhmische Köchin und Haushälterin zu haben, war eine kluge Investition und dementsprechend begehrt waren

RAINER MARIA RILKE (1975–1926)

Wladimir der Wolkenmaler

Jeden Sonntag wartet Ewald, bis die dritte der Tanten, Fräulein Auguste, lächelt: »Das Essen ist doch kein leerer Wahn« – worauf jemand in guter Gewohnheit bestätigen muß: »Nein, es ist nicht ohne.«

Das kommt gewöhnlich nach dem zweiten Gang. Und Ewald weiß ganz genau, was nach dem dritten kommt, und so fort. Während aufgetragen wird, spricht man wenig, einmal der ›Dienstleute‹ wegen, dann weil das Zwiegespräch mit dem eigenen Teller einen jeden genügend beansprucht … Niemand füllt seinen Teller, ohne leise zu stöhnen, und als das Mädchen mit einer süßen Créme eintritt, seufzen alle laut und schmerzlich auf. Die eisgekühlte Sünde drängt sich an jeden heran, und wer kann widerstehen?

Der Herr Inspektor denkt: »Wenn ich nachher ein Soda nehme …« – und Fräulein Auguste wendet sich an die Hausfrau: »Ist Magenbitter zuhaus, Karoline?« … Man lächelt, es beginnt nach Apotheke zu riechen und die Créme kann noch einmal herumgehen.

Plötzlich geschieht eine unerwartete Störung: Die Älteste steht wie eine Ahnfrau auf und ruft warnend: »Und du, Ewald?«

Ewalds Teller ist rein.

»Und du?« fragen alle Augen, und die Hausfrau denkt: »Wie immer, dieses Absondern von der Familie. Wir sind morgen alle elend, und – er? Schickt sich das?« …

Herr von Tragy nickt seinem Sohn zu: »Zeig dich jetzt, imponier ihnen – vorwärts.«

Tragy der Jüngere, schweigt. Er weiß: Alle warten jetzt auf Hilfe von ihm; dann entschließt er sich endlich:

»Essen was man mag und leiden was man kann.«

Schulmädchen in Südböhmen, um 1900

JOSEF BARHOŇ
ZOULA

Kinderfreuden, Prag um 1905

auch die menschlichen Exportartikel bei den vermögenden Haushalten aller großen Städte der Monarchie, vor allem natürlich in Wien. Schätzungen sprechen von einigen zehntausenden, die gewissermaßen eine geheime Regentschaft in der Wiener Society ausübten. Ihr »Kuchlbemisch« wurde zum eigenständigen Idiom mit skurrilen Ausspracheregeln und speziellem Vokabular.
Alle diese *Maries* kochten nach dem Kochbuch einer böhmischen Großmeisterin, der berühmten Magdaléna Dobromila Rettigová,

Beim Einkaufen auf dem Markt in Brünn, um 1900

Vogelmarkt in Prag, um 1905

geboren im Jahr 1785 als Tochter des deutschsprachigen Beamten Franz Artmann auf der Herrschaft des Staatskanzlers Kaunitz in Vseradice (Wscheraditz) in Mittelböhmen. Nachdem ihr Vater gestorben war und die Mutter eine Gnadenpension erhalten hatte, führte Magdalenas Weg sie durch mehrere adelige Haushalte. Bei einem alten Koch auf einem Schloss ging sie nach eigenem Bekunden besonders intensiv in die erste Lehre. 1807 heiratete sie dann den kleinen Angestellten einer Advokatur, Johann Rettig, mit dem

Folgende Doppelseite:
Tratsch beim Milch-Abholen in der Prager Innenstadt, um 1905

HOTOVE
LESTIDLO
NA PODLAHY
MAGGI
Somatose

BERNSTEIN
Öllackfarbe
mléko smetana
MÁSLO A SÝRY
PLODINY

sie berufsbedingt auf Wanderschaft quer durch Böhmen ging. Erst in dieser Zeit lernte sie perfekt Tschechisch – und begann ihre lyrischen Ergüsse in Provinzzeitungen zu veröffentlichten. Sie muss zwar schon damals eine gute Köchin gewesen sein, weil sie auf zeitgenössische Darstellungen an Leibesfülle immer mehr zulegte, aber erst 1826 war es dann soweit, dass sie in einem Königgrätzer Verlag ihr Rezeptbuch »Domácí kucha ka« herausgab, das zwei Jahre später auf Deutsch mit dem Titel »Hausköchin« erschien. Interessant, weil durchaus aktuell, war ihre Begründung für den Umstieg: »Leider Gottes ist das so, dass die Mehrheit des Volkes eher nach einem guten schmackhaften Mittagessen hascht als nach dem schönsten Gedicht ... zweitens merke ich wohl, wie sehr für die Mädchen ein Kochbuch nötig ist, weil für eine Frau das Kochen und Wirtschaften der berühmteste Teil der Bildung ist.«
Tatsächlich schlug ihr Buch blitzartig ein. Von überall her erhielt sie nun auch Rezepte, während jeder Haushalt, der etwas auf sich hielt, die Köstlichkeiten der Rettigová ausprobierte. 1834 gab sie, inzwi-

»Höhere Töchter« in Brünn, um 1915

Linke Seite:
Zwillinge in Budějovice/Budweis, 1905

Flugzeugattrappe, Brünn 1914

schen ins legendäre Leitomischl übersiedelt, auch noch das Buch »Dobrá rada« heraus (auf Deutsch: »Guter Rath für Landwirthinnen und Landmädchen«) mit der bewussten Absicht, leicht und billig zu kochende Speisen für das einfache Volk herzustellen.
Wenige Jahre vor der Revolution, erschien 1843 schließlich in Prag »Sladká Kuchyné«, die »Süße Küche«, durch die der Weltruhm der Böhmischen Mehlspeisen endgültig in alle Welt getragen wurde.
Übersetzt in fast alle Sprachen der Donaumonarchie, erschien Auflage für Auflage der Rettigová. Sie selbst starb 1845, aber ihr Ruhm pflanzte sich fort und erneuerte sich stets dann, wenn eines ihrer rund 1200 Rezepte auf die Tische der Böhmen, Österreicher, Ungarn, Triestiner oder Kroaten kam. Schließlich wurde sie sogar Objekt eines Theaterlustspiels und ihr Lebenslauf in das »Biographische Lexikon des Kaisertum Österreichs« aufgenommen.
Neben den Mehlspeisen waren es vor allem die Knödel, die quer durch die ganze Welt ihren Siegeszug antraten und Rettigovás Ruhm begründeten, wenngleich sie die Knödel natürlich nicht erfunden hatte. Als »dumplings« gingen sie in die englische und als »quenelles bohemiennes« in die französische Küche ein. Vor allem Germknödel, Golatschen, Dalken, Powidl, Strudel und Buchteln – in Wien damals Wuchteln genannt – gereichten der genussvollen Magdalena zu ewigem Ruhm.

Resistent gegen alle Wellen der Nouvelle Cuisine, der Hollywood- und Modeldiäten, der Natur- und Vollkornkost sind die köstlichen und flaumigen Mehlspeisen auch heute noch erfolgreich. Freilich hat es der Zeitgeist erforderlich gemacht, die Originalrezepte der Rettigová »abzuspecken«. Wer aber das Rezept für einen Topfenstrudel der »Hausköchin« aus Böhmen aus dem Jahr 1826 einem jener berühmten modernen Nouvelle-Cuisine-Köche gegenüberstellt, wird keine großartigen Unterschiede feststellen – weder küchentechnisch noch hinsichtlich der Zutaten.
Dass sich die Rettigová auch mit der Kaffeezubereitung beschäftigte, ist nur ein weiteres Indiz für ihre bleibende Wirkung. Ihr Kaffeebuch aus dem Jahr 1843 offenbart nämlich über hundert Ratschläge zur Getränkezubereitung, die in der ganzen Donaumonarchie zweifelsfrei zu einer qualitativen Hebung der allgemeinen Wohlbefindlichkeit beigetragen haben. Die von Ausländern oft belächelte Variantenvielfalt des Kaffees im habsburgischen Mitteleuropa hat hier ihre Bereicherung erfahren und auch die Kaffeehausliteratur erst richtig beflügelt.
Auch Karlsbad war dafür bekannt, neben Wien um die Jahrhundertwende den besten Kaffee zubereiten zu können – dafür wurde die »Karlsbader Kanne« erfunden. Dieser Kaffee aus dem Kurort war wohl eine Kompensation zum Mineralwasser, das dem Gast wohl andere als kulinarische Bedürfnisse erfüllte …
Zu bedenken ist bei alledem, dass unsere Großmütter samt ihren *Maries* keine elektrischen Geräte zur Verfügung hatten, vielmehr alles händisch zubereiteten – und das im hochgeschlossenen

Im Photatelier, Südböhmen um 1890

FRIEDRICH TORBERG

Die Tante Jolesch

Gleich allen wahren Köchinnen, die ihre Kunst im häuslichen Gehege ausübten …, war auch die Tante Jolesch ausschließlich auf die Genußfreude und das Wohlbehagen derer bedacht, denen sie ihre makellos erlesenen Gerichte auftischte. Es sollte den anderen munden, nicht ihr. Sie selbst begnügte sich damit, ihren Hunger zu stillen. Als man sie einmal nach ihrer Lieblingsspeise fragte, wußte sie keine Antwort.
»Aber Du mußt doch schon draufgekommen sein, was dir am besten schmeckt«, beharrte der Frager.
Nein, um solche Sachen kümmere sie sich nicht, replizierte ebenso beharrlich die Tante Jolesch …
Der Wißbegierige ließ nicht locker und spitzte nach einigem Hin und Her seine Frage vermeintlich unentrinnbar zu:
»Also stell Dir einmal vor, Tante – Gott behüte, daß es passiert – aber nehmen wir an: du sitzt im Gasthaus und weißt, daß du nur noch eine halbe Stunde zu leben hast. Was bestellst du dir?«
»Etwas Fertiges«, sagte die Tante Jolesch.

»Marie« aus Prag, 1905

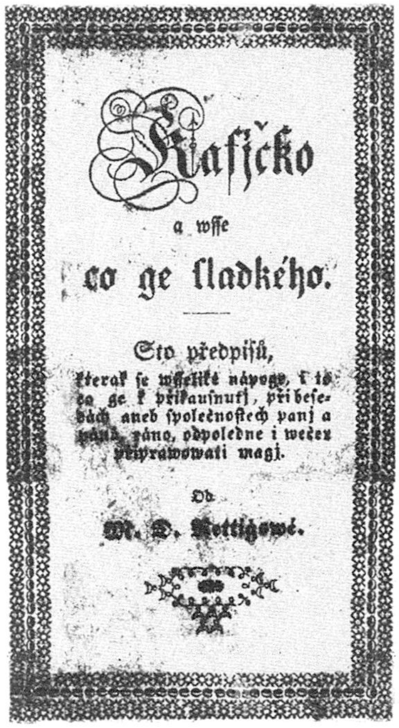

Kafičko
a wsse
co ge sladkého.

Sto předpisů,
kterak se wsseliké nápoge, k tomu
co ge k přikausnutí, při bese-
dách aneb společnostech paní a
pánů, ráno, odpoledne i wečer
připrawowati magí.

Od
M. D. Rettigowé.

Mehlspeiskochbuch der Magdalena Rettigova

Rechte Seite: »Maries« aus Böhmen und Mähren, um 1900

Gasthausküche bei Karlovy Vary/ Karlsbad, um 1900

Kochkleid samt Schürzenadjustierung. Wodurch wohl, angesichts des schlechten Geruchsabzuges in den Küchen, ein Teil des Küchen-Odeurs in die Kleidung wanderte.

Das nimmt der versunkenen böhmischen Küche bei näherer Beobachtung zwar einiges von ihrer Romantik, den Generationen von böhmischen Köchinnen aber nicht ihren Pioniergeist in der europäischen Küchenlandschaft. Denn damit der Gast das alles vergaß, stattete man den Tafeltisch mit einer Überfülle von Silberbesteck, Porzellan, gestärkten Damasttüchern und funkelnden Gläsern aus. Und was einstens als »Spanisches Hofzeremoniell« das Essen und Trinken in der Hofburg ritualisierte, wurde auch zum Modell für den bourgeoisen Haushalt. Inklusive Sitzordnungsphilosophie.

Nun war das Kochen und Hauswirtschaften natürlich nur einer der Bereiche böhmischer Großmütter. Ebenso viel Mühe und Sorge verwendeten sie für das Kleiden und Verschönern ihrer Angehörigen und ihrer eigenen Person.

Mehr noch als die Esskultur war im 19. und beginnenden 20. Jahrhundert Mode Ausdruck der sozialen Stellung. »Sich lieber etwas vom Munde abzusparen«, war die Devise vor allem für jüngere Frauen, die mit schönen Kleidern die eigene Attraktivität steigern wollten. Freilich gab es da – aus heutiger Sicht – wenig Vernunft; und Stefan Zweig hatte wohl Recht, als er seine weibliche Verwandtschaft als »unnatürlich, unbequem und unhygienisch kostümierte Närrinnen« bezeichnete.

Diese Doppelbödigkeit entsprach der allgemeinen Beziehung der Frau zu ihrer Umwelt. Es ging darum, »Eindruck« zu machen, zugleich aber sittsam zu erscheinen. Das galt für die einfachen Frauen ebenso wie für die feinen »Gnädigen« in der bourgeoisen Oberschicht.

Obwohl in den böhmischen Städten die verlogene Morbidität der Wiener Konvention nie so ausgeprägt war, wurde auch hier verdrängt und versteckt. Der in Mähren geborene Sigmund Freud

Frauen beim Spinnen, Olomouc/Olmütz, um 1895

hätte jedenfalls auch in Prag oder Brünn seine berühmte Couch aufstellen können. Die Polarität der Geschlechter ging bis in die einfachsten Lebensbereiche, das Unaussprechliche und Tabuisierte hatte weite Felder des Alltagslebens erfasst. Nacktheit galt als »peinlich« und »obszön«. Genau dieser Umstand des Verbotenen aber provozierte die Freigeister, erzeugte ein ständiges Begehren der Männer und führte zu einer allgemeinen Guckloch-Erotik.
Vor allem das gehobene Bürgertum entwickelte subtile Formen gesellschaftlicher Dramaturgie zwischen Pornographie und Prostitution; Schnitzlers »Reigen« wurde in Böhmen und Mähren ebenso lautstark beklatscht und bekämpft wie in Österreich.
Unter diesem Gesichtspunkt ist auch die Produktion von Nacktphotos zu sehen, die noch weit vor der Jahrhundertwende in Mode kam. Damen aller Gesellschaftsschichten fühlten sich besonders »fortschrittlich«, wenn sie im sterilen Ambiente des Photoateliers die Hüllen fallen ließen. Der Prager Schönheitsgalerie entspricht eine Serie ähnlicher Publikationen in Europa, die teils im Untergrund, teils zum Zweck der männlichen Angeberei in Offizierscasinos, Hörsälen und Cafés zirkulierten. Wobei nirgendwo soviel Stil wie gekonnte Pikanterie anzutreffen ist, wie auf den variantenreichen Werken des aus Mähren stammenden Prager Jugendstilkünstlers, Illustrators und Plakatmalers Alfons Mucha.
Etwa ab dieser Zeit kündigt die Einstellung vieler Frauen zu Offenheit und Sexualität die aufkommende Emanzipationsbewegung an. Das veränderte Verhältnis zum eigenen Körper fand seine Entsprechung in der Turnvereinsbewegung, die ein neues Schönheitsideal propagierte: die sportliche, schlanke und gesunde Frau. (Kaiserin Elisabeth mit ihrem Turnzimmer in der Hofburg war hier eine

JAN NERUDA (1834–1891)

Kleinseitner Geschichten

Gespräch am Tisch rechts von mir: »Heute ist Freitag, da freue ich mich schon auf die Knödel. Meine Frau macht sie so locker, daß sie einem auf der Zunge zergehen.«
»Fleisch haben Sie am Freitag nicht?«
»O doch, ein halbes Pfund für alle, wie jeden Tag. Was sollen wir sonst kochen? Wir halten nur die größten Fasttage ein, dann gönnen wir uns ein Stückchen Fisch, das dient der Gesundheit!« … »Im vorigen Jahr hat uns die Schwiegermutter ein Schock Schnecken geschickt, meine Frau hat ein herrliches Schneckengericht daraus bereitet!«
»Daß man an Fasttagen Wildenten ißt, versteh ich, denn die leben ja im Wasser. Aber die Schnecken kriechen doch im Garten herum!«
»Ich hab mir sagen lassen, daß Schnecken früher im Wasser gelebt haben. Und dann kriechen sie ja so, als wollten sie schwimmen. Und schließlich sind sie stumm wie die Fische, das wird es wohl sein! – Aber sonderbar ist es doch, daß die Fische kein Fleisch fressen, als wüßten sie, daß sie als Fastenspeise dienen!«

Trendsetterin.) In Böhmen hat im ausgehenden 19. Jahrhundert die *Sokol-Bewegung* bahnbrechend gewirkt. Sokol-Gruppen gab es nämlich nicht nur für den tschechischen, nationaldenkenden Mann, sondern auch für die um die nationale Sache besorgte Frau. Besonders das Fahrradfahren wurde binnen einer Generation von einer snobistischen Mode zu einer Massenbewegung. Das Rad ermöglichte mobile Freiheit als Fortbewegungsmittel, empfahl aber auch bequemere Bekleidung. Rocksäume rutschten nach oben, Korsetts wurden abgelegt, der Hosenrock *en vogue*. In Böhmen wurde so der Sport früher als anderswo zur Chance des gesellschaftlichen Umbruchs, weil immer mehr Frauen Gefallen am Sport fanden.
So war, ganz unbemerkt, in die Welt der Großmütter ein anderer Rhythmus gekommen – ein Rhythmus, der die Gemächlichkeit abzulösen begonnen hatte. Und der schließlich die Welt entscheidend verändern sollte.

JANUS
№ 26.
JOSEFA SCHLECHTA
VDOVA
AKC.
PIVOVAR
NA
SMICHOVĚ
založen r.1869
Výčepné pivo Litr 13 kr.
Černý ležák (Granat) ½ l. 9 kr.
Schank Bier Liter 13 kr.
Schwarzes Lager-Bier (Granat) ½ l. 9 kr.
№ 26.
VÝČEP PIVA & BIER AUSSCHANK
PIVO

ANHANG

Literatur

Andics, Hellmut: Das österreichische Jahrhundert, Wien 1974
Basch-Ritter, Renate: Österreich-Ungarn in Wort und Bild, Graz 1989
Brügel, Johann Wolfgang: Tschechen und Deutsche, 1918–1945, 2 Bände, München 1967–1974
Friesinger, Herwig und Brigitte Vacha: Die vielen Väter Österreichs, Wien 1987
Gruša, Jiří, Eda Kriseová und Petr Pithart: Prag – Einst Stadt der Tschechen, Deutschen und Juden, München 1993
Heer, Friedrich: Land im Strom der Zeit, Wien 1958
Hess, Olga und Alfred: Wiener Küche, Wien 1928
Hoensch, Jörg: Geschichte Böhmens, München 1987
Hootz, Reinhard (Hrsg.): Böhmen und Mähren, Leipzig 1986
Kann, Robert A.: Das Nationalitätenprinzip der Habsburgermonarchie, Köln 1964
Kriseová, Eda: Vaclav Havel, Dichter und Präsident, Rowohlt, Berlin 1991
Leser, Norbert: Zwischen Reformismus und Bolschewismus, Wien 1986
Lorenz, Willy: Liebe zu Böhmen, Wien 1988; A.E.I.O.U., Wien 1972
Ludwig, Siegfried und Charles Bohatsch (Hrsg.): Chancen für den Donauraum, Wien 1990
Magenschab, Hans: Der Krieg der Großväter 1914–1918, Wien 1988
Magenschab, Christiane M.: K & K Kulinarium, Wien, 1991
Magris, Claudio: Der Habsburgische Mythos in der österreichischen Literatur, Salzburg 1966
Mamatey, Victor S. und Radomir Luza: Geschichte der Tschechoslowakischen Republik 1918–1948, Wien 1980
Morava, Georg: Altböhmische Kochkunst, Wien 1987; Franz Palacký, Wien 1990
Mühlberger, Josef: Geschichte der deutschen Literatur in Böhmen 1900–1939, München 1981
Neuber, Wolf: Kulinarische Köstlichkeiten aus Alt-Österreich, Wien 1979
Palacký, František: Erklärung über die Gleichberechtigung der Nationalitäten, März 1848
Payrleitner, Alfred: Adler und Löwe – Österreicher und Tschechen, Wien 1990
Plaschka, Richard: Von Palacký bis Pekar, Graz 1955
Roth, Josef: Radetzkymarsch, Hamburg 1957
Scheufler, Pavel: Praha 1848–1918, Prag 1984; Jizni Cechy, Prag 1989; Foto Graficke Album Cech, 1839–1914, Prag 1989
Seibt, Ferdinand (Hrsg.): Die Juden in den böhmischen Ländern, München 1983
Stourzh, Gerald: Die Gleichberechtigung der Volksstämme als Verfassungsprinzip 1828–1918 (in: Habsburgermonarchie … Bd. 3)
Torberg, Friedrich: Die Tante Jolesch, Wien 1975
Wandruszka, Adam (Hrsg.): Die Habsburgermonarchie 1848–1918, Bände 1, 4, 5, Wien 1973, 1985, 1987
Weigel, Hans: O du mein Österreich, Zürich 1967
Winkler, Wilhelm: Die Tschechen in Wien, Wien 1919
Wolfram, Herwig: Die Geburt Mitteleuropas, Wien 1987
Zweig, Stefan: Die Welt von Gestern, Stockholm 1944.

Das Zeitalter Kaiser Franz Josefs, Katalog der nö. Landesausstellung Schloß Grafenegg, 1987
Die Österreichisch-ungarische Monarchie in Wort und Bild (»Kronprinzenwerk«), Böhmen (2 Bd.), Mähren und Schlesien, Wien 1894, 1896, 1897
Vom Tagwerk der Jahrhundertwende, 1870–1930, Wien 1985

Archive

Österreichisches Staatsarchiv-Kriegsarchiv, Wien
Österreichische Nationalbibliothek-Bildarchiv, Wien
Europa-Verlag, Wien
Archiv Scheufler, Prag
Památník Narodniko Pisemnictví, Prag
Muzeum Hl. Mesta, Prag
Slovenska Narodne Muzeum, Preßburg
REACH-Archiv, Prag

Textnachweis

Abdruck aus Joseph Roth, *Radetzkymarsch* auf S. 9 mit freundlicher Genehmigung von Kiepenheuer & Witsch.
Abdruck aus Jaroslav Hašek, *Die Abenteuer des braven Soldaten Schwejk* auf S. 149 mit freundlicher Genehmigung des Rowohlt Verlags. Copyright für die deutsche Übersetzung von Grete Reiner © 1960 by Rowohlt Verlag GmbH, Reinbeck bei Hamburg.
Abdruck aus Hermann Bahr, *Wien* auf S. 139 mit freundlicher Genehmigung des Czernin Verlags Zürich.
Abdruck aus Stefan Zweig, *Die Welt von Gestern* auf S. 69 und S. 72 mit freundlicher Genehmigung des S. Fischer Verlags.
Abdruck aus Friedrich Torberg, *Die Tante Jolesch* auf S. 178 und S. 193 mit freundlicher Genehmigung des LangenMüller Verlags.

Bildnachweis

Stefan Zweig, Abraham Pisarek/ullstein bild/picturedesk.com (S. 69)
Die von Privaten dem Autor übermittelten Photos und Postkarten können möglicherweise Reproduktionen sein, deren Ursprung nicht immer zweifelsfrei ermittelt werden konnte.

1848-1898
Gebr. Künzli, Zürich. Déposé Nr. 663
RIBUS
UNITI
K.u.k. Infanterie-Cadettenschule in Prag

www.amalthea.at

Gestaltung und Produktion: Franz Hanns
Gesetzt aus der Galliard 11 auf 14 Punkt
Schutzumschlaggestaltung: Kurt Hamtil, verlagsbüro wien
Umschlagabbildungen: Privatarchiv Hans Magenschab
Gedruckt in der EU

ISBN 978-3-85002-672-7